Salut!

JN048494

料理にも応用できて「格上げの連鎖」になるはずです。

手間といっても、そんなに面倒なことでも、技術が要ることでもありません。「ココが格上げ！」では、「下味をつける」「煮詰めて水分をとばす」「焼き色をつける」など同じようなことがしつこいくらいに繰り返し出てきます。料理初心者でもできる簡単なことばかりですが、それをするか、しないかで出来栄えに差が出ます。プロの料理人も、こうしたちょっとした手間の積み重ねで、料理をおいしくしているんです。

高級な食材を買わなくても、特別な調理器具を使わなくても大丈夫です。調味料も近所のスーパーでよく目にするものばかりですが、「こんな使い方も面白いよ」というアイデアを紹介しています。

ページをめくっていて、目についた料理、作ってみたいと思ったものからぜひ試してみてください。かけた手間の何倍、何十倍もの効果を実感するはずです。

料理人城二郎

(Contenu)

[chapitre 1]

肉料理

…… 16

[chapitre 4]

パスタ料理

パスタ
料理　乳化で
格上げ!　パスタとソースの一体感は
「乳化」がカギを握る …… 106

[この本の使い方]

• レシピの分量は主に2人分ですが、作りやすい分量のものもあります。
　「ココが格上げ!」や盛りつけの写真は見やすさを優先した分量です。

• 計量単位は小さじ1＝5ml、大さじ1＝15ml です。

• にんにくの1かけとは親指の先くらいの大きさを目安にしています。

• 材料を個数とグラム数で併記している場合があります。
　個体差があるので個数はあくまでも目安です。

• 「顆粒コンソメで作ったスープ」は各商品に表示されている作り方を参考にしてください。

• 保存期間はおおよその目安です。
　実際の保存状態によって異なりますので、確認しながら保存してください。

[Staff]

アートディレクター／中村圭介（ナカムラグラフ）
撮影／難波雄史
構成・編集・文／村越克子
デザイン／平田賞、堀内宏臣（ナカムラグラフ）
ＤＴＰ／アーティザンカンパニー
校正／麦秋アートセンター
企画／東 美希
撮影協力／日比野陶器株式会社 hibino-touki.co.jp

次の4つのポイントは、
日々、料理と真剣に向き合う中で修得したことです。
この4点を意識することが格上げへのアプローチ、つまり近道。
あなたの作る料理が格段においしくなりますよ。

[アプローチ 1]

塩のタイミングは3回ある

すべての料理に当てはまるわけではありませんが、調理工程で塩をふるタイミングは大きく分けて3回ほどあります。

1回目は下処理のタイミング。肉や魚は塩をふることで余分な水分が出てうま味が凝縮します。また臭みを消して食材の「素材感」を引き立たせたり、保存性を高めることもできます。野菜も同じ。塩をふると浸透圧で水分が出て、水っぽさがなくなり野菜本来のうま味が引き立ちます。

個人的には、この「下味」の塩が、3回のタイミングの中でも特に大事だと思っています。下味である程度、味を決めておくことで全体がまとまりやすくなるからです。

2回目は調理途中の味つけのタイミング。自分がイメージする味にするために塩味をプラスします。そして3回目は仕上げ。最後に味見をして微調整します。

この本では、1つのレシピに「塩をふる」というのが数回出てくるケースがありますが、それは塩のタイミングを大事にしているからです。

肉に塩をふり
臭みを取ると同時に
下味をつける

チキンソテーは
最後は余熱で
火を入れる

余熱の力を知る

調理工程は1つずつがどれも大事ですが、なかでも「火入れ」は要です。家庭でよくある失敗が火の入れすぎ。生焼けや生煮えを避けたい気持ちが強くて、つい火を入れすぎてしまうケースが多いように思いますが、どうでしょう。

肉はジューシーに、魚はふっくら焼き上げたいのに、でき上がった肉はパサパサ、魚はボソボソ。そういうことって、結構ありませんか?

火を入れすぎると、食材から水分が必要以上に失われます。火をつけたまま最後まで火入れするのではなく、火を止めて、あとは「余熱の力」に任せるというのが失敗しないコツです。

この余熱の力をうまく利用できると仕上がりも変わってきます。プロの料理人がよくやるのが食材に金串を刺して芯温を確認して、あとは余熱に任せるかどうかを判断すること。家庭でそこまでやるのは難しいかもしれませんが、余熱の力を意識して、着地点に向かってゆっくり火を入れるだけでも仕上がりが違ってくるはずです。余熱って、結構、パワーがあるんですね。

車で赤信号に向かって急ブレーキするのではなく、徐々にスピードを緩めていくようなイメージ。安全運転と料理は遠からずってところですかね。

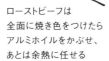

ローストビーフは
全面に焼き色をつけたら
アルミホイルをかぶせ、
あとは余熱に任せる

アンチョビを
少量加えるだけで
うま味が増す

魚醤の「いしり」はうま味成分が豊富

[アプローチ3]

「物足りない」と感じたら"うま味"を加える

「うま味」というのは、「おいしさの素」のようなもの。よく知られているのが、みそ汁に使われる昆布と鰹節。ただのお湯に具を入れてみそ汁を作るより、昆布や鰹節を入れてだしをとった方が断然おいしい。それはこの2つに「うま味成分」が含まれているからです。昆布は「グルタミン酸」、鰹節は「イノシン酸」という、うま味成分を多く含んでいます。なんとなく聞いたこと、ありますよね？

他にもうま味成分を多く含んでいる食材はいろいろあります。たとえばみそやしょうゆなどの発酵調味料。この本で使用している「いしり」は魚を発酵させたしょうゆで普通のしょうゆよりもうま味が強い。アンチョビは塩味もありますがうま味が豊富です。

塩味が足りないと、物足りなさを感じる人っていますよね？　実は足りないのは塩味ではなく、うま味ということもあるんです。つまり、「おいしい」と感じるには、うま味を加えればいいということ。塩で塩味を加えるより、塩味だけではなくうま味が豊富な発酵調味料やアンチョビを入れた方が少量でおいしくなります。

また乾燥させるとうま味が凝縮するので、干ししいたけ、干しえび、フレンチでよく使うドライトマトもおすすめ。パルミジャーノ・レッジャーノ（パルメザンチーズ）や海苔にもうま味が含まれているので、仕上げにかければ見栄えだけでなく味もよくなります。

「なんか物足りない」と感じたら、うま味成分を多く含む食材を1つ、2つ加えれば簡単においしさを格上げできるってわけです。

貝類やきのこ類も
うま味成分を
多く含む

魚の骨を
毛抜きで取る

料理とは小さな気遣いの連続

料理は、高い食材や洗練された調理技術がなくても、自分の「気遣い」ひとつでおいしくなることもあります。

たとえば魚に残っている骨をピンセットで1本ずつ取る、トマトを湯むきして種を取る、食材を同じ大きさに切り揃える……など、他にもいろいろあります。まさに気遣いの連続です。

とはいうものの、家庭で料理をする場合は、なかなかそこまではできないですよね。というか、そこまでやらなくても大丈夫。難しく考えずに、「肉や魚を焼く前に塩をして30分おく」「前の油汚れを拭き取ってからフライパンに次の食材を入れる」など簡単なことでもいいんです。

調理技術は一朝一夕には修得できませんが、気遣いなら明日の夕飯からできます。そして食べる人を気遣う思いは、必ず料理を格上げしてくれるはずです。

トマトの種を取る

野菜は大きさを
揃えて切る

a.

b.

c.

d.

スーパーで手ごろな値段で
買えるものばかり。
調味料のラインナップにぜひ。
難しく考えずにまずはお試しあれ!

ひと足しするだけで 平凡なおかずが一気にプロの味!

a. 白ワインビネガー 赤ワインビネガー

「ワインビネガー」とは、ぶどう果汁から作られる果実酢のこと。"ワイン"といってもアルコール分は含まれていないので子どもも OK。穀物酢よりもフルーティーで甘みや香りがある。さわやかな風味の「白ワインビネガー」は魚、鶏肉、豚肉に合う。「赤ワインビネガー」は肉全般に合い、特に赤身肉とベストマッチ。白・赤ともに野菜との相性もよくドレッシングに使用すれば、いつものサラダがグッとゴージャスになること請け合い。

b. アンチョビ

カタクチイワシを塩漬け発酵させてオリーブオイルなどに浸したもの。独特の塩味と発酵食品のコクとうま味が特徴。少量入れるだけで味のアクセントになるので、肉、魚を問わずいろいろな料理に"うま味調味料"として使用可。トマトやじゃがいもなどの野菜との相性もよし。

c. バルサミコ酢

ぶどう果汁を煮詰めて濃縮させ、長期間熟成させて作った酢。ワインビネガーよりも熟成期間が長い分、香りが豊か。糖度が高いので、火を入れて少し焦がすと香ばしさがさらに増す。バターを加えて温めるだけで肉料理のソースにジャスト。

d. マスタード 粒マスタード

どちらも和がらしに比べて辛味がおだやかでやや酸味がある。「マスタード」は肉やソーセージに直接つけてもいいが、ケチャップ、ウスターソース、ドレッシング、タルタルソースなどに混ぜると味が引き締まる。「粒マスタード」はマスタードシードの粒を残したもの。辛味がまろやかで粒々の食感が楽しめる。ソテーした肉、揚げ物、ソーセージなどに直接つけて食べると、ピリッ!としたアクセントに。

e. ケッパー

「ケッパー」という低木のつぼみを酢漬けにしたもの。独特の風味と酸味がある。魚介との相性がよくスモークサーモン、魚介のカルパッチョ、魚料理のソース、タルタルソース、マリネ液など多様に使える。きざんでサンドイッチに挟んだり、ポテサラにも。

f. パルミジャーノ・レッジャーノ

濃厚な味わいと芳醇な香りで「チーズの王様」とも呼ばれている。ミルキーさが格段に違い、ブロックで購入して、その都度すりおろせば最高の風味が堪能できる。パスタ料理にマストの一品。レシピ内ではパルメザンチーズで代用可。

料理人城二郎が愛用する調理アイテム。
一度使えば、
手放せなくなること間違いなし。
どれもネット通販で購入可。

使いこなすほど
料理の腕前が上がり、
ご飯作りが楽しくなる

a. 毛抜き

魚の骨を取るときの必需品。他の用途はほとんどないが、魚の骨はこれなしでは取れない。レストランの厨房でも、魚の骨取りには毛抜きを使用している。100円グッズでもOK。

b. ターナー（フライ返し）
ZWILLING（ツヴィリング）
ツイン キュイジーヌ ハンバーグターナー

肉や魚を焼く際に押さえつけるのに便利。また食材の下に差し込み少し持ち上げ裏側の焼き色を見たり、焼き上がった肉や魚をすくい上げて、形を崩さずに器に盛りつけることができる。

c. 金串

食材に刺すと、金串の温まり具合で火入れが確認できる。食材に火が入ったかどうかをチェックする方法はいくつかあるが、この方法が確実性が高い。マスターすれば、生焼けや火の入りすぎの失敗がなくなる。100円グッズでもOK。

d. ゴムベラ
RÖSLE（レズレー）
シリコンスパチュラ ブラック

シリコン製でフッ素樹脂加工のフライパンに使っても材質を傷めない。ヘラ部分がしなるので、フライパンやボウルから食材をキレイに取ることができる。これを使い出したら木ベラには、もう戻れない。

e. ペティナイフ
三星刃物
「和 NAGOMI」短めのペティナイフ
（パーラー）

手の中におさまるサイズで、なじみがよい。先端が細く小まわりがきき、にんにくの皮むき、トマトの湯むきと種取りなど細かい作業に最適。大きな包丁とは別に1本持っていると重宝する。

f. ピンセット
TRUSCO（トラスコ）
ステンレス製ピンセット

トングは"挟む"感覚だが、これは"つまむ"感覚。先端が細いので細かい作業が可能。炒める、ひっくり返す、パスタの盛りつけも、これさえあればスムーズ。菜箸とトングのいいとこ取りのマストアイテム。

a.

b.

c.

d.

e.

f.

chapitre 1

肉料理

下処理と火入れのポイントを押さえれば、
口の中で肉汁あふれるジューシーな肉料理に。
肉々しさ満点で、
おいしい!と歓声が上がること間違いなし!

鶏

もも肉は余分な脂肪やスジを取ると仕上がりに差が出る

食べる人への
思いやりが
料理をおいしくする

point

下処理で格上げ!

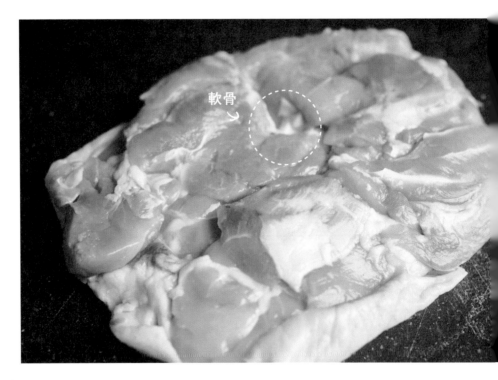

軟骨

1. 軟骨を取る

身の真ん中付近に残っている軟骨を取る。

2. 余分な脂肪を取る

身に脂肪がたくさんついていると、
臭みの原因になるので、
脂肪が多すぎる場合は取り除く。

3. 細いスジを取る

足首にある細いスジを引っ張り、
包丁で身からはがしながら取る。

4. 太いスジを取る

足首にあるいちばん太いスジも
同じように、
身からていねいにはがしながら
引っ張って取る。

5. 身をたたく

包丁の背で身をたたくと
柔らかく焼き上がる。

6. 皮目を包丁の先で刺す

皮目を包丁の先端で刺して焼き縮みを防ぐ。
フォークで刺しても OK。

鶏

皮目をしっかり焼き、身はサッと火を入れて"もち肌"に

point

火入れで
格上げ！

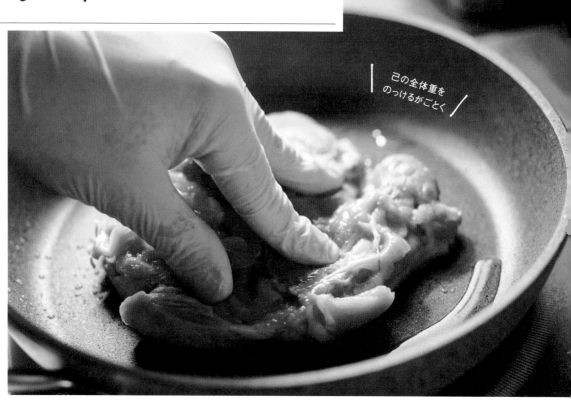

己の全体重を
のっけるがごとく

1 身を押さえる

フライパンに皮目を下にして置いたら
指でしっかり押さえて、
皮目全面がフライパンに当たるようにする。

2 押さえながら焼く

身が縮もうとそり返ってくるので
焼きムラができないように押さえつけながら焼く。

3.

脂をかける

皮目から出た脂をかけて、
身の乾燥を防ぎながらていねいに火を入れる。

4.

皮目に8割
火を入れる

皮目はしっかり焼いて
香ばしさを出す。

余熱に任せるって
ことですかね

5.

余熱で火を入れる

ひっくり返したら火を止め、
あとは余熱で火を入れる。

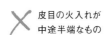 皮目の火入れが
中途半端なもの

 皮目をしっかり
焼いたもの

火入れで
こんなに差が…

皮目をしっかり焼くと、
皮目と身の間の脂肪が焼き切れて
皮がパリッとする。
火入れが中途半端だと
皮に脂が残りブヨブヨしている。

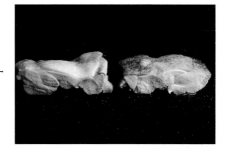

[肉料理 1]

鶏もも肉の クリスピー・ソテー

皮目をカリッと焼くだけで
鶏もも肉がごちそうに格上げ。
焼き加減の目安は、皮目：身＝8：2が基本。

| 旨し！

（ 材料／2人分 ）

鶏もも肉 …… 2枚（350g）
塩 …… 肉1枚に各ひとつまみ
じゃがいも（メークイン）…… 1個
オリーブオイル …… 小さじ2

A
| バター …… 30g
| マスタード …… 小さじ2
| 七味唐辛子 …… 少々

白ワイン …… 80ml
みりん …… 小さじ2
水 …… 大さじ1
パセリ（みじん切り）…… 適量
白こしょう …… 少々

（作り方）

1 鶏もも肉は皮目と身の両方に塩をふり、**皮目を上にして冷蔵庫で2時間ほど置いたあと**（a）、表面の水分をキッチンペーパーで拭き取り下処理する。

2 じゃがいもは皮ごとよく洗う。鍋にじゃがいも、かぶるくらいの水、塩ひとつまみ（どちらも分量外）を入れ、中火にかけて15分ほどゆでる。ゆで上がったら横に約5mm厚さに切り塩ひとつまみ（分量外）をふる。

3 フライパンにオリーブオイルを中火で熱し、肉を皮目から焼く。

4 **皮目から脂が出てきたら、2のじゃがいもを入れて両面をこんがり焼く**（b）。

5 肉の皮目に焼き色をつけ、8割程度火が入ったら、ひっくり返してアルミホイルをかぶせ、火を止めて余熱で3〜5分火を入れてバットに取り出す。**フライパンに残った肉汁を容器に取る**（c）。

6 ソースを作る。フライパンの汚れをキッチンペーパーでサッと拭き取り、**A**を加えて軽く混ぜ合わせ、**白ワイン、みりんを入れて強火にする**（d）。5の肉汁、水を加えてトロリとするまで煮詰め、パセリ、白こしょうを加える。

7 器に5の肉を盛り、じゃがいものソテー、ソースを添える。

b. じゃがいもをソテーする

肉から出た脂でじゃがいもをソテーして
肉のうま味を移す。

c. フライパンに残った肉汁を取る

うま味が凝縮した肉汁は捨てずに
小さめのボウルに取りソースに加える。

point
ココが
格上げ！

a. 皮目を上にして置く

塩をふった肉はラップをかけずに
皮目を上にして置き水分を蒸発させる。
皮目を乾かすことがパリッと焼き上げるコツ。

d. アルコール分をとばす

白ワインとみりんに火を入れて
アルコール分をとばし、
煮詰めてみりんの糖度を上げる。

[肉料理 2]

鶏もも肉のフリカッセ
(クリーム煮)

市販のホワイトソースを買わなくても、
小麦粉と生クリームで簡単にクリーム煮が作れる。
ピラフにかけて bon appétit！

（ 材料／2人分 ）

鶏もも肉 …… 2枚（350g）

塩 …… 肉1枚に各ひとつまみ

小麦粉 …… 適量

オリーブオイル …… 小さじ2

にんにく（皮をむいて半分にカット）
　　　…… 1かけ分

玉ねぎ（みじん切り）…… 1/8個分

マッシュルーム（4～6等分にカット）
　　　…… 7個分

白ワイン …… 70ml

顆粒コンソメで作ったスープ …… 150ml

生クリーム …… 50ml

パセリ（みじん切り）…… 適量

（ ピラフの材料 ）

米 …… 1合

バター …… 20g

玉ねぎ（みじん切り）…… 1/8個分

ローリエ …… 1枚

顆粒コンソメで作ったスープ …… 230ml

point
ココが
格上げ！

（ 作り方 ）

1 鶏もも肉は下処理をし、1枚を4つに切り分け皮目と身の両方に塩をふり、小麦粉をまぶす。ピラフの米は洗ってザルに取る。

2 フライパンにオリーブオイルを中火で熱し、肉を皮目から焼き、にんにくを入れる。皮目に焼き色がついたらひっくり返して、身はサッと焼き、**にんにくと一緒にバットに取る**（ひ）。

3 ピラフを作る。肉を焼いたフライパンに**バター、玉ねぎのみじん切り、米を入れて炒める**（ひ）。ローリエ、コンソメのスープ230ml、2のバットに取ったにんにくを加え、フタをして極弱火で20分ほど加熱してボウルに取る。

4 同じフライパンにオリーブオイル小さじ2（分量外）を足し、玉ねぎを入れ、塩ひとつまみ（分量外）をふり中火で炒める。玉ねぎがしんなりしたらマッシュルームを加え炒める。

5 2の肉をバットに出た肉汁と一緒にフライパンに戻し、白ワインを入れ、煮詰めてアルコール分をとばす。コンソメのスープ150ml、生クリームを入れフタをして5分ほど煮込んで肉に火を入れたのち、**フタを取って煮詰めて**（ｃ）、パセリを加える。

6 器にピラフと一緒に盛りつける。

ひ. 肉をバットに取る

肉に一気に火を入れると
タンパク質が固まって硬くなりやすい。
バットに取って肉を休ませることで柔らかく仕上がる。

ひ. 米をバターで炒める

水分を加えたあと米がベチャッとならないように、
バターで米1粒ずつをコーティングする。

ｃ. 煮詰める

煮詰めて水分をとばし、
生クリームの濃度を増してコクを出す。

骨つき鶏もも肉の コンフィ〈オイル煮〉

密閉保存袋を使用すれば、
必要最小量のオイルで家でも
本格的なコンフィが作れる。作りおきも OK。

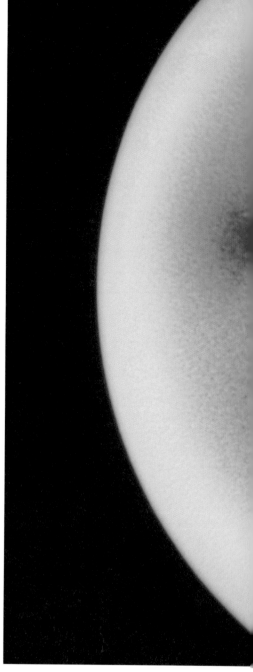

（ 材料／2人分 ）

骨つき鶏もも肉 …… 2本（520g）
塩 …… 肉の1%（2.6g×2）
白こしょう …… 少々

A
ローズマリー（乾燥でも OK）…… 適量
フレッシュタイム（乾燥でも OK）…… 適量
にんにく（皮つきのままたたく）
…… 2かけ分

オリーブオイル …… 骨つき鶏もも肉1本に各40ml

（ 作り方 ）

1　骨つき鶏もも肉をバットなどの上に置き、塩を皮目と
身の両面にふり、身には白こしょうもふり、Aをのせ
"落としラップ"をして冷蔵庫に2時間ほど置く（a）。

2　密閉保存袋に 1 の肉とハーブ類、オリーブオイルを入
れ、中の空気をできるだけ抜いて密閉する（b）。

3　鍋に75〜80℃のお湯を沸かし、2 を入れ温度を保っ
たまま4時間かけてじっくりと火入れする※（c）。

4　鍋から引き上げた保存袋を冷蔵庫に1時間ほど置いて
味を落ち着かせたのち、肉を袋から出し**オイルをザル
で濾す**（d）。

5　フライパンにクッキングシートを敷いて、オリーブオ
イルを小さじ2（分量外）入れ、肉の皮目を下にして置
き弱めの中火で焼き、**焼き色がついたら、崩れないよ
うに気をつけてひっくり返し身も焼く**（e）。

6　器にキャベツ（分量外）のソテーを置いて肉をのせ、フ
レッシュローズマリー（分量外 あれば）をあしらう。

※保存袋が直接、鍋底に当たらないように鍋底に皿などを敷く
とよい。

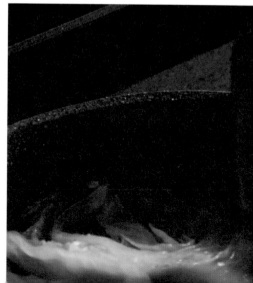

骨つき鶏もも肉のコンフィ（オイル煮）

point

ココが
格上げ！

a. ハーブをのせて 2時間おく

肉にローズマリー、タイム、にんにくをのせ、
"落としラップ" をして2時間ほどおき、
肉に香りを移す。

b. 密閉保存袋に 肉とオイルを入れる

密閉保存袋にハーブごと肉を入れ、
オリーブオイルを注ぐ。
この方法なら必要最小量のオイルで
コンフィが作れる。

c. 湯せんする

75〜80℃のお湯で湯せんして
ゆっくり火入れすることで、
肉にオイルがしみ込みしっとり仕上がる。

※保存袋が直接、鍋底に当たらないように
　鍋底に皿などを敷くとよい。

d. ザルで濾す

オイルに混じったハーブの切れ端などを
ザルで濾して取り除き、肉とオイルに分ける。
濾したオイルは肉のうま味と
ハーブの香りが移り、炒め物などに最適。

フライパンに
クッキングシートを敷くと
油が跳ねにくい

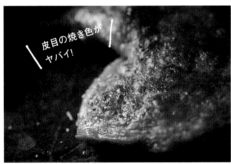

皮目の焼き色が
ヤバイ！

e. 肉を両面焼く

肉の皮目をしっかり焼いて香ばしさを出す。
このときクッキングシートを敷くと
肉の脂が跳ねにくい。
コンフィはもともとは保存食なので、
湯せん後、密閉保存袋のまま冷蔵で2週間、
冷凍で3カ月保存可。

ハーブを家で
プランター栽培していると、
いつでもフレッシュハーブが
使える！

鶏胸肉のエチュベ
（蒸し焼き）

焼くとパサパサになりがちな鶏胸肉を
こまめにひっくり返しながら火入れすることで、
しっとり焼き上げる。

（ 材料／2人分 ）

鶏胸肉 …… 1枚（200g）	赤ワインビネガー …… 30ml
塩 …… ひとつまみ	梅干し …… 1個
かぶ …… ½個	A 粒マスタード …… 小さじ1
グリーンアスパラ …… 2本	砂糖 …… 小さじ1
長ねぎ（白い部分） …… ½本分	水 …… 30ml
オリーブオイル …… 適量	塩・白こしょう …… 各少々

point
ココが
格上げ！

（ 作り方 ）

1 鶏胸肉は下処理をし、塩をふり常温で30分ほどおき、表面の水分をキッチンペーパーで拭き取る。かぶは茎を切り取り、アスパラは根元の堅い部分を切り落とし、それぞれ4等分する。長ねぎは約3㎝長さに切る。Aの梅干しは種を取り包丁でたたく。

2 肉全体にオリーブオイルを塗る（ɑ）。

3 油をひかないフライパンを中火で熱し、肉を皮目を下にして置き焼き色をつける。ひっくり返して身の方も焼き、**これを何度か繰り返して火入れする**（b）。5分ほど焼いたら、まだ完全に火が入ってない段階で肉をバットに取る。

4 同じフライパンにオリーブオイル小さじ2（分量外）を足し中火で熱し、かぶ、アスパラ、長ねぎを焼く。

5 野菜に焼き色がついたら肉を戻し、赤ワインビネガーを加え、フタをして7分ほど弱火で蒸し焼きにする。

6 肉を触ると反発するような弾力（C）があれば、再度バットに取りアルミホイルをかぶせて10分ほど余熱で火入れする。

7 同じフライパンにAを入れ弱火で煮詰めてソースを作り、塩・白こしょうで味をととのえる。肉を切り分け野菜と一緒に器に盛り、ソースをかけイタリアンパセリ（分量外 あれば）を添える。

ɑ. 肉にオリーブオイルを塗る

フライパンにオリーブオイルをひくのではなく
肉に塗ると、肉全体に均一にオイルがつき、
焼きムラが防げる。
オイルも必要最小量で済みムダがない。

b. 肉の全面を焼く

肉をこまめにひっくり返しながら、
全面からじっくり火が入るようにすると
肉がパサつかない。
肉の丸みを帯びた部分はフライパンの側面を利用する。

C. 肉を指で押す

肉を押して弾力を感じたら火が入っているサイン。
金串を刺して芯温をチェックする（P.34 参照）とより確実。

× 皮目と身を1回ずつ 一気に焼いたもの　　○ 全面からじっくり 火入れしたもの

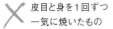

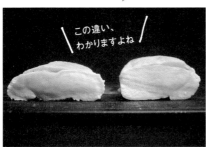

この違い、
わかりますよね

火入れでこんなに差が…

一気に火入れすると
中まで火が入らず生っぽいピンク色で
肉がぺしゃんとしている。
じっくり火入れすると
表面に肉汁感があり身もふっくら。

豚

食べやすさを考えて肉のうま味を最大限に引き出す

point

下処理で格上げ！

1. 端っこを切り落とす

豚ロース肉の端の硬い部分を
残しておくと嚙み切れなかったり、
口の中で当たるので切り落とす。

2. 脂身に切れ目を入れる

脂身に約5mm間隔の格子状の切れ目を入れ、
焼いたときに余分な脂が逃げやすくする。

3. スジを切る

赤身と脂身の境目にあるスジを
包丁の先の部分を使って2～3カ所切る。
火入れしたときの肉のそり返りを防ぎ、
また肉が嚙み切りやすくなる。

豚肩ロース肉の シャルキュティエール風
〈 お肉屋さん風 〉

とんカツやポークソテー以外の
厚切り豚ロース肉のレパートリーを増やす。
ミニトマトでフレッシュな酸味を。

(材料／2人分)

豚肩ロース肉 …… 2枚(260g)
塩 …… 肉1枚に各ひとつまみ
オリーブオイル …… 小さじ2
玉ねぎ(薄切り) …… ½個分
小麦粉 …… 小さじ½
A ┃ 白ワイン …… 150ml
　┃ 白ワインビネガー(または酢)
　┃　…… 大さじ1
水 …… 100ml
B ┃ 粒マスタード
　┃　…… 5g　小さじ1
　┃ ミニトマト(ヘタを取る)
　┃　…… 10個分
　┃ コルニッション
　┃　(またはピクルス・輪切り)
　┃　…… 6個分
塩・白こしょう …… 各少々

(作り方)

1 豚肩ロース肉は下処理をする。塩をふり10分ほどおき、表面の水分をキッチンペーパーで拭き取る。

2 油をひかないフライパンを強火で熱し、**肉の脂身から焼いて余分な脂を出す**(ɑ)。肉の各面をこんがり焼き、**焼き色がついたらバットに取り出す**(b)。

3 フライパンに出た脂を捨て、汚れをキッチンペーパーでサッと拭き取ってからオリーブオイルを入れ、玉ねぎ、塩ひとつまみ(分量外)を入れ、玉ねぎがしんなりしてきつね色になるまで中火で炒め、小麦粉をふる。

4 **A**を入れ強火で水分がほぼなくなるまで煮詰めて(c)から水を入れる。

5 **B**を入れて、トマトの表面が柔らかくなったら、肉を戻し極弱火にしてフタをして5分ほど火入れする。

6 **肉に金串を刺して火が入ったことを確認**(d)したら(P.34参照)、塩・白こしょうをふる。

豚肩ロース肉のシャルキュティエール風〈お肉屋さん風〉

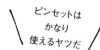

ピンセットは
かなり
使えるヤツだ

a. 脂身から焼く

表面に切れ目を入れた脂身から
余分な脂を逃がし、
食べたときの脂っぽさをなくして
食べやすくする。

b. バットに取る

火入れした肉をバットに
いったん取って休ませることで、
火入れで受けたダメージが落ち着く。
肉汁が余分に逃げず身も硬くなりにくい。

c. 煮詰める

水を加える前に、
白ワインのアルコール分をしっかり煮切る。
白ワインビネガーは火を入れることで
酸味がまろやかに。

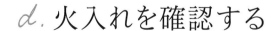

d. 火入れを確認する

金串を肉の中心部まで刺して8秒ほどキープ。
金串を下唇の下にあて、「ぬるい」ではなく
はっきりとした「温かさ」を感じたら
火が入っている証拠。
金串はフォークで代用可。

煮崩れしたトマトが
これまた旨し!

35

豚バラブロック肉の
赤ワイン角煮

赤ワインでいつもの角煮がフレンチの装いに。
赤ワインのフルーティーさが脂っぽさを消し
芳醇な味わいが口の中に広がる。

（ 材料／作りやすい分量 ）

豚バラブロック肉 …… 500ｇ

塩 …… 肉の全面に各ひとつまみ

水 …… 1600ml

A
- 長ねぎの青い部分（約10㎝長さに切る） …… 2本分
- しょうが（厚さ約2mmにスライス） …… 20ｇ
- にんにく（皮をむいて半分に切る） …… 3かけ分

B
- シナモンスティック …… 1本
  （またはシナモンパウダー 小さじ1）
- クローブ …… 3個
- 八角 …… 3個

C
- はちみつ …… 100ｇ
- 酒 …… 100ml
- 赤ワイン …… 100ml
- しょうゆ …… 70ml

point

ココが格上げ！

（ 作り方 ）

1 豚バラブロック肉の脂身に切れ目を入れ、**肉の全面に塩をふる**（ _a_ ）。

2 油をひかないフライパンを中火で熱し、肉を脂身から焼き、さらに全面に焼き色をつける。

3 鍋に水、**2** の肉、**A** の野菜、**B** を入れて（ _b_ ）強火にかけ沸騰したら弱火にする。

4 フライパンに **C** を入れ、混ぜながら中火で熱しアルコール分をとばしたのち、**3** の鍋に入れる。1時間半〜2時間ほどゆっくり火を入れて、肉が柔らかくなったら取り出し、**スープを濾す**（ _c_ ）。

5 フライパンに肉、**4** のスープ約300mlを入れ、中火で煮詰めてソースを作り、**肉とからめる**（ _d_ ）。

6 器にソースと一緒に肉をのせ、ゆでたにんじん、ブロッコリー、マッシュルーム（すべて分量外 あれば）を添える。

_a._ 肉の全面に塩をふる

ブロック肉は厚みがあるので、
全面に塩をふり中まで塩味をしみ込ませる。

_b._ スパイスを入れる

角煮に欠かせない八角と、赤ワインと相性がよく
ホットワインでも使われるシナモン、クローブを入れる。

_c._ 濾す

濾すことでスパイスのかけらを取り除き
ソースに不純物を残さない。

_d._ 肉とソースをからめる

スープを肉にかけながら煮詰めてソースを作る。
ソースの濃度を増して、肉にからみやすくする。

[肉料理 7]

ローストビーフ

ローストビーフは火入れで決まる。
この作り方なら誰でも失敗なく絶妙な
火入れができる。肉の艶っぽさにうっとり。

(材料／作りやすい分量)

牛ももブロック肉 …… 500g
塩 …… 肉の1%(5g・小さじ1)
黒こしょう …… 適量
オリーブオイル …… 大さじ1

(作り方)

1 牛ももブロック肉に塩・黒こしょうをふり全体にすり込み、常温で30分ほどおく。表面の水分をキッチンペーパーで拭き取る。

2 フライパンにオリーブオイルを強火で熱し、**肉の全面をそれぞれ焼き色がつくまで1分ずつ焼き**(ⓐ)、バットに取り出す。**アルミホイルをかぶせて3分休ませる**(ⓑ)。

3 フライパンを極弱火で熱し肉を戻す。1分ごとに肉をひっくり返して全面を焼いたら、再びバットに取り、アルミホイルをかぶせて5分休ませる。

4 3の工程を2〜3回繰り返し、肉に金串を刺して芯温を確認し金串に温かさを感じたら(P.34参照)、アルミホイルをかぶせて15分ほど保温する。

5 器に盛りソース(P.39参照)、クレソン(分量外 あれば)を添える。

point

ココが
格上げ！

a. 肉の全面を焼く

肉をこまめにひっくり返しながら、
全面からじっくり火が入るようにすると
肉がパサつかない。

b. アルミホイルを
かぶせて保温する

火入れした肉をバットにいったん取って休ませることで、
火入れで受けたダメージが落ち着き肉汁が余分に逃げない。
火からはずしアルミホイルをかぶせて
余熱で火入れすると、肉がしっとり仕上がる。

× 1回で
火入れしたもの

○ 休ませながら
火入れしたもの

見よ、この魅惑の
ロゼ色を！

火入れで
こんなに差が…

1回で火入れすると肉がダメージを
受け続けて収縮し肉と肉汁が分離。
休ませながら火入れすると
肉汁がしっかりキープされて
ジューシー。

(ソースを作る)

白ワイン、バルサミコ酢、マスタードで
フレンチテイストに。

材料／作りやすい分量

玉ねぎ …… ½個
にんじん …… ⅓本
セロリ（白い部分）
　…… 20g
マッシュルーム …… 3個
オリーブオイル
　…… 小さじ 2
白ワイン …… 250ml

バルサミコ酢
　…… 60ml
水 …… 100ml
マスタード
　…… 大さじ 1
バター …… 30g
塩・黒こしょう
　…… 各少々

作り方

1 玉ねぎ、皮をむいたにんじん、セロリ、石づきを切っ
たマッシュルームをそれぞれ 5mm角に切る。

2 肉を焼いたフライパンにオリーブオイルを中火で熱
し、1の野菜を入れて炒める。

3 野菜がしんなりしたら、白ワイン、バルサミコ酢を
入れて中火で煮詰める。水分がほぼなくなったら、
水を加えて沸騰させる。

4 マスタード、バターを加えとろみがついたら、塩・
黒こしょうで味をととのえる。

[肉料理 8]

ひき肉の
マッシュポテト焼き

フランスのママンの味を
めんつゆ＋ケチャップでご飯のおかずに。
日仏を問わず子どもが大好きなひき肉料理。

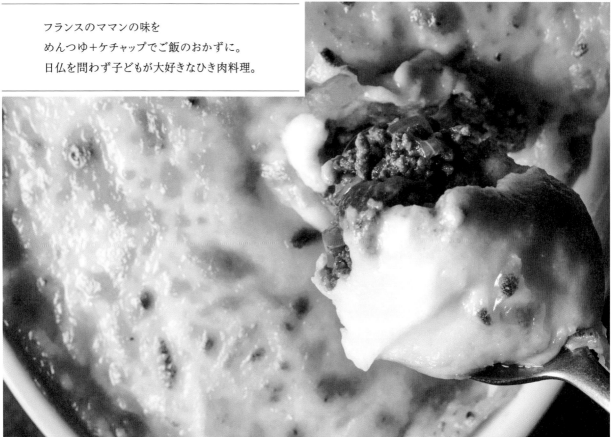

point
ココが
格上げ！

a. ひき肉をザルに取る

ひき肉から脂がたくさん出るのでザルに取り、
脂っぽくならないように脂をしっかり切る。

b. ケチャップを炒める

水分をとばし、味を濃厚にして甘みを出し、
火を入れることで酸味をまろやかにする。

c. めんつゆを加える

ご飯に合うおかずにするために、「和」のテイス
トをプラスする。

d. マッシュポテトを作る

マッシュしたじゃがいもに
バター、牛乳、塩を加えたらゴムベラで混ぜる。
ツノが立つくらいなめらかにするのが目安。

（ 材料／2人分 ）

合いびき肉 …… 250g

オリーブオイル …… 小さじ2

塩 …… ひとつまみ

にんにく（みじん切り）…… 1かけ分

玉ねぎ（約5mm角に切る）…… ¼個分

マッシュルーム（石づきを切りスライス）…… 7個分

トマト（約1cm角に切る）…… ½個分

酒 …… 50ml

ケチャップ …… 大さじ1½

めんつゆ（3倍濃縮）…… 大さじ½

水 …… 100ml

ローリエ …… 1枚

じゃがいも（メークイン）…… 2½個（約300g）

A ｜ バター …… 25g
｜ 牛乳（温める）…… 75ml
｜ 塩 …… ひとつまみ

シュレッドチーズ（またはピザ用チーズ）…… 50g

（ 作り方 ）

1 フライパンにオリーブオイルを強火で熱し、合い
びき肉を入れて塩をふり、ほぐしながら炒める。
全体に焼き色がついたら、**ザルに取り脂を切る**
（a）。

2 同じフライパンに油をひかずににんにく、玉ねぎ
を入れて中火で炒め、きつね色になったらマッ
シュルームを加えてしんなりするまで炒める。

3 トマトを加えて炒め水分をとばしたら、**1**の肉を
戻して酒を入れ水分がほぼなくなるまで煮詰め
る。フライパンの端に寄せ、空いたスペースに**ケ
チャップを入れ炒めて余分な水分をとばす**（b）。

4 **めんつゆ**（c）、水、ローリエを加え煮込む。

5 別の鍋に水2ℓ、塩大さじ2（どちらも分量外）、皮
つきのままよく洗ったじゃがいもを入れ、中火で
じゃがいもに火が通るまでゆでる。ゆで上がった
ら熱いうちにキッチンペーパーなどを使って皮を
むき、ボウルに入れマッシュし、**A を加えて全体
がなめらかになるまで混ぜる**（d）。

6 グラタン皿に**4**の肉を敷き、その上に**5**をのせ、
チーズを散らして200℃に予熱したオーブンで
15分ほど焼きチーズに焼き色をつける。

chapitre 2

魚料理

ほんの少し手間をかけるだけで、
鮭、ぶり、めかじきなど使い慣れた食材が
フレンチのメインディッシュに格上げ。
スーパーで売っている切り身で作れる。

魚

ウロコ、骨を
ていねいに取るほど
プロの味に近づく

point

下処理で
格上げ！

1.

ウロコの
取り残しを取る

尾から頭に向かって包丁の刃を動かし、
皮目に残っているウロコを取る。

結構取り残しがある！

2. 骨の取り残しを
チェック

身の真ん中あたりを指でなぞって
骨が残っていないかを確認。

3、骨を取る

毛抜きで骨を1本ずつ取る。
身を押さえながら抜くと
身崩れしにくい。

＼内臓の取り残しは
臭みの原因になる／

4.
内臓の
取り残し部分を
取る

内臓の取り残しがある場合は
薄くそいで取り除く。

魚

皮目をパリッと
焼くのが決め手

1.

身を押さえて
そり返りを防ぐ

魚は皮目から焼くのが基本。
鯛のように火入れすると
身がそり返りやすい魚は、
強火で熱したフライパンに入れたあと
10秒ほど身を指で押さえてそり返りを防ぐ。

2.

皮目をしっかり焼く

そり返りが弱まったら中火にして、
まわりがうっすら茶色に色づくまで焼く。

3. 皮目を8割焼いてひっくり返す

皮目に8割程度火が入ったら
ひっくり返す。
皮目をしっかり焼くと
ひっくり返すときに身が崩れにくい。

焼き始めの
そり返しを防ぐのが
キレイに焼くコツ!

4. 身はサッと焼く

身の方に火が入りすぎると
パサつきの原因に。
サッと焼いてしっとり仕上げる。

✕ 皮目の火入れが
中途半端なもの　　〇 皮目をしっかり
焼いたもの

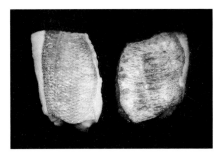

火入れで
こんなに差が…

しっかり焼いた方は
パリッとして食欲をそそる焼き色。
火入れが足りない方は身がそり返り、
皮目がブヨブヨしている。

鯛 の ポワレ

皮目はカリッと焼き上げ、
身はふっくら火入れした鯛を白ワイン香るソースで。
仕上げのしょうゆが隠し味。

（ 材料／2人分 ）

鯛の切り身 …… 2切れ

塩 …… 1切れに各ひとつまみ

オリーブオイル …… 小さじ2

バター …… 5g

玉ねぎ（みじん切り） …… ¼個分

マッシュルーム

（石づきを切りスライス） …… 4個分

白ワイン …… 60ml

生クリーム …… 50ml

しょうゆ …… 少々

塩・白こしょう …… 各少々

point
ココが
格上げ！

（ 作り方 ）

1 鯛の下処理をして身の方に塩をふり、**皮目を上にして冷蔵庫に1〜2時間ほど置き**（ *a* ）、表面の水分をキッチンペーパーで拭き取る。

2 フライパンにオリーブオイルを中火で熱し、鯛を皮目から焼き8割程度火入れしたら、ひっくり返して身の方をサッと焼き、バットに取り出す。

3 **フライパンに残った余分な油をキッチンペーパーで拭き取り**（ *b* ）、バター、玉ねぎ、マッシュルームを入れて中火で炒める。

4 しんなりしたら白ワインを加え、**水分がほぼなくなるまで中火で煮詰める**（ *c* ）。生クリームを加え少し煮詰めて味を濃縮させる。

5 仕上げに**しょうゆを入れ**（ *d* ）、塩・白こしょうをふる。器に4のソースを敷き、つるむらさき（分量外 あれば）のソテーを置き、その上に鯛をのせて盛りつける。

皮目を乾かす

a. 皮目を上にして置く

塩をふった鯛はラップをかけずに
皮目を上にして置き水分を蒸発させる。
皮目に水分を残さないことがパリッと焼き上げるコツ。

b. フライパンの汚れを拭き取る

鯛を焼いたあとフライパンに残っている油を拭き取る。
このひと手間で同じフライパンでソースを作っても
魚の臭みがソースに移らない。

c. ソースを煮詰める

白ワインをしっかり煮詰めて
アルコール分と酸味をとばすと
ソースがまろやかな味に。

d. しょうゆを加える

日本人の味覚になじみのある
しょうゆを加えて食べやすくし、
しょうゆのうま味をソースの隠し味として活かす。

鮭のムニエル

溶かしバターのきめ細かな泡をかけながら
火入れするのが肝。
バターの風味をまとったレストラン級のムニエルに。

（ 材料／2人分 ）

生鮭の切り身 …… 2切れ
塩 …… 1切れに各ひとつまみ
小麦粉 …… 適量
オリーブオイル …… 小さじ2
バター …… 15g
A｜ あさり …… 12粒
　｜ にんにく（みじん切り）…… 1かけ分
　｜ 水 …… 200ml
オリーブオイル …… 50ml
パセリ（みじん切り）…… 適量

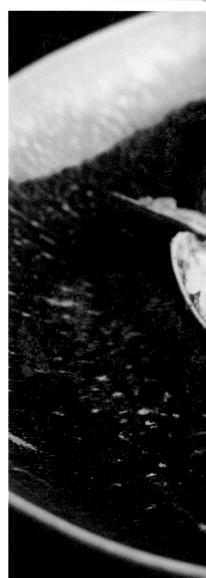

（ 作り方 ）

1 鮭の身の方に塩をふり、皮目を上にして15分
ほどおき、**表面の水分をキッチンペーパーで拭
き取り**（ɑ）、両面に小麦粉をまぶす。

2 **Aのあさりは前もって砂抜きをしておく**（ b ）。

3 フライパンにオリーブオイルを強火で熱し、鮭
を押さえつけながら皮目から焼き、焼き色がつ
いたらバターを加える。中火にして、**溶けたバ
ターを鮭にかけながら両面ソテーする**（ c ）。
金串（またはフォーク）を刺してほんのり温か
かったら（P.34参照）、バットに取り出す。

4 同じフライパンに**A**を入れフタをして**中火にす
る**（d）。**水分が半分ほどに煮詰まったら**（ e ）
オリーブオイルを加えて乳化させる（ f ）。

5 鮭を戻してパセリを加え、煮詰めたソースを全
体にまわしかける。

あさりを加えて
うま味の
かけ算をする

鮭のムニエル

鮭の身は
崩れやすいので
やさしくタッチ！

a. 表面の水分を拭く

塩をふった鮭から出てきた水分は、
魚の臭みを含んでいるので
キッチンペーパーで拭き取る。
また水分を拭き取ると余分な小麦粉がつかない。

アルミホイルをかぶせて
暗くすると砂をよく吐く

b. あさりは 砂抜きをする

バットなどに重ならないように
あさりを広げてひたひたの水を入れ、
海水と同じくらいの塩味になるように
塩を入れ、冷蔵庫に半日ほど置く。

c. バターの泡で 火入れする

溶けたバターのクリーミーな泡を
かけながら火を入れ、
バターのコクと香りを鮭にまとわせる。
フライパンを傾けるのがコツ。

あさりのだしが
いい仕事をする

d. あさりを入れる

あさりのだしがきいて、
チキンブイヨンなどを使わなくても
水だけでうま味のあるソースになる。

e. 煮詰める

フライパンにあさり、にんにくの
みじん切り、水を入れたら、煮詰めて
ソースのうま味を凝縮させる。

f. ソースを乳化させる

オリーブオイルを加えたら素早く混ぜて
水とオイルをなじませる。
乳化させることでソースがなめらかになる。

まぐろのステーキ

特売の冷凍まぐろでも
表面をサッと焼くだけで水っぽさがなくなり、
素材が持つうま味が最大限引き出せる。

(材料／2人分)

まぐろ(刺身用・さく) …… 200g

塩麹 …… 大さじ1

ごま油 …… 大さじ$\frac{1}{2}$

玉ねぎ …… $\frac{1}{4}$個

パプリカ(赤・黄) …… 各$\frac{1}{2}$個

なす …… 1本

セロリ(白い部分) …… $\frac{1}{2}$本分

黒オリーブ(種なし) …… 8個

ケッパー …… 20粒

仮に調整ミスをしても
まわりに気づかせない
所作も大事

オリーブオイル …… 大さじ1½

A
| みょうが …… 2個
| わさび …… 小さじ1
| おろししょうが …… 小さじ1
| バルサミコ酢 …… 大さじ2
| エクストラヴァージン・オリーブオイル
| …… 大さじ2

イタリアンパセリ（あれば）…… 適量
白いりごま …… 少々

（作り方）

1 塩麹とごま油を混ぜ合わせたものをまぐろに塗り（*a*）、冷蔵庫に30分ほど置く。

2 玉ねぎ、パプリカ、なす、セロリは約1cm角、黒オリーブは半分に切る。

3 油をひかないフライパンを強火で熱し、**まぐろの全面に焼き色をつけ**（*b*）、金串を指してぬるい程度の温かさを感じたら（P.34参照）、バットに取る。

4 野菜を炒める。フライパンにオリーブオイルを強火で熱し、**なすを入れ、塩をひとつまみ（分量外）ふり焼き色をつけ**（*c*）、バットに取る。

5 フライパンにオリーブオイル小さじ2（分量外）を中火で熱し、玉ねぎ、セロリを入れ、塩ひとつまみ（分量外）をふりフタをして蒸し焼きにする。しんなりしたらパプリカを入れ、なすを戻して全体を混ぜ合わせる。フタをして弱火で5分ほど蒸し焼きにする。

6 オリーブ、ケッパーを加えて、再度フタをして弱火のまま10分ほど蒸し焼きにする。

7 **A**のみょうがをすりおろす（*d*）。

8 ボウルに**A**を入れ混ぜ合わせてドレッシングを作る（*e*）。

9 **3のまぐろを約1.5cm厚さに切り分ける**（*f*）。器に炒めた野菜を盛り、その上にまぐろをのせイタリアンパセリを添えドレッシングをかけ白いりごまをふる。

まぐろのステーキ

point

ココが
格上げ!

a. まぐろに 下味をつける

塩麹でまろやかな塩味をつけ、
ごま油でコクを出し、
冷凍まぐろにうま味を補充する。

b. まぐろの表面を焼く

表面の塩麹を軽くぬぐってからフライパンに。
ひっくり返しながら全面に焼き色をつけ、
うま味を閉じ込める。

ジュ〜〜

c. なすに 焼き色をつける

油で炒めてなすに焼き色をつける。
他の野菜と合わせたとき、
なすの焼き目の香ばしさが全体に広がる。

d. みょうがを すりおろす

みょうがは香りを引き立たせるために、
すりおろしてソースに加える。

e. 「和」を取り入れる

刺身の薬味に使われるわさび、しょうが、みょうがを
ドレッシングに加えて、日本人の味覚に寄り添う。

f. まぐろを そぎ切りにする

表面に火が入り、
中がレアな断面を見せて食欲をそそる。

ぶりの山椒焼き

水に調味料とスパイスを入れた
「ソミュール液」に漬けると魚の臭みが取れて、
身がしっとり＆ふっくら。肉料理にも応用可。

（ 材料／2人分 ）

ぶりの切り身 …… 2切れ

小麦粉 …… 適量

オリーブオイル …… 小さじ2

A
　すだちのしぼり汁
　　　…… ¼個分
　　（またはレモン汁 小さじ½）
　しょうゆ …… 大さじ1
　酒 …… 大さじ1
　みりん …… 大さじ1

はちみつ …… 小さじ1

山椒 …… 少々

（ ソミュール液の材料 ）

水 …… 500ml

塩 …… 50g

砂糖 …… 50g

ローリエ …… 1枚

黒こしょう（ホール）…… 少々

（ 作り方 ）

1 ボウルにソミュール液の材料を入れ、ぶりを30分～1時間ほど漬け込む（ａ）。

2 ぶりを引き上げ表面の水分をキッチンペーパーで拭き取り小麦粉をまぶす。

3 フライパンにオリーブオイルを中火で熱し、ぶりを皮目から焼き8割程度火入れしたら、ひっくり返して身の方をサッと焼く（ｂ）。

4 3のぶりにAを加え煮詰め、ぶりに火が入ったらバットに取る。

5 4をさらに煮詰めて、みりんをキャラメリゼしたら（ｃ）はちみつを入れる。

6 とろみがついたら山椒を加えてぶりを戻してソースにからめ、仕上げに山椒（分量外）をふる。器にのせて5のソースをかけ、焼いたまいたけ、ししとう、木の芽（すべて分量外 あれば）を添える。

point
ココが
格上げ！

ａ. ソミュール液に漬ける

ソミュール液に漬けることで
魚の生臭さが消えて、さらにしっとり焼き上がる。
下味の代用にも。

ｂ. 身はサッと焼く

皮目に8割程度火が入ったらひっくり返す。
身は火を入れすぎると
パサつきやすくなるのでサッと焼く。

ｃ. みりんをキャラメリゼする

ぶりをバットに取り出したあと
キャラメル色になるまでソースを煮詰め、
みりんのほどよい甘さを出す。

（ 材料／2人分 ）

めかじきの切り身 …… 2切れ

塩 …… 1切れに各ひとつまみ

白こしょう …… 少々

にんにく（スライス）…… 1かけ分

オリーブオイル …… 50㎖

トマト …… 1個

オリーブオイル …… 小さじ2

玉ねぎ（みじん切り）…… ¼個分

ケッパー …… 10粒

ディル（きざむ）…… 少々

塩・白こしょう …… 各少々

（ 作り方 ）

1 めかじきに塩・白こしょうをふり、にんにくをのせオリーブオイル50㎖をかけ落としラップをして約30分おく（ *a* ）。

2 トマトは湯むきし、横半分に切り種を取って（ *b* ）、約2㎝角に切り、塩ひとつまみ（分量外）をふる。

3 フライパンにオリーブオイル小さじ2を強火で熱し、にんにくをはずしためかじきを両面焼き、バットに取り出す。はずしたにんにくはみじん切りにする。

4 同じフライパンにオリーブオイル小さじ2（分量外）を足し、3のにんにく、玉ねぎを入れて中火で炒め、しんなりしたら火を止めて、2のトマトとケッパーを加える。

5 4に3のめかじきを戻しディル、オリーブオイル大さじ3（分量外）を入れて塩・白こしょうをふりフタをして弱火で1分ほど温める。

point

ココが
格上げ！

a. "落としラップ"をする

めかじきに下味をつけて
落としラップで密閉して味をしみ込ませ、
にんにくの風味を移す。

b. トマトを湯むきする

皮を取ることで食感をよくし、
種を取って水っぽさをなくす。

❶ヘタを取り
お尻に十字の切り込みを入れる。

❷沸騰したお湯に
10秒ほど浸ける。

めかじきのソテー

トマトとハーブのさわやかなソース。
ケッパーが魚の臭みを取り、
ほどよい酸味と熟成感で味に奥行きを出す。

\ 冷えたらすぐ取り出す /

❸氷水に取り急激に冷やして
皮をむきやすくする。

❹包丁で皮をむく。

❺横に半割りにして種を
取りやすくする。

❻包丁の先を使って
種を取る。

[魚料理 6]

たらの香草パン粉焼き

淡泊な味のたらに
きざんだハーブを加えたパン粉をつけることで、
香り高く華やかさのある味わいを演出。

（ 材料／2人分 ）

たらの切り身 …… 2切れ

塩 …… 1切れに各ひとつまみ

パン粉 …… 80g

A | ディル …… 5g
  | パセリ …… 10g
  | バジル …… 5g

パルミジャーノ・レッジャーノ

（またはパルメザンチーズ）…… 20g

にんにくオイル(下記参照) …… 大さじ3

小麦粉 …… 適量

溶き卵 …… 1個分

オリーブオイル …… 小さじ2

バター …… 20g

にんにくオイル …… 小さじ2

ɑ. 皮を取る

パン粉をつきやすくするために、
身と皮の境目に包丁を入れ、
皮を押さえながら包丁を動かして皮を取る。

（ 作り方 ）

1 たらは皮をはずして（ɑ）半分に切り塩をふる。

2 パン粉は麺棒で砕いて細かくする（b）。

3 Aのハーブはみじん切りにする。

4 ボウルに**3**、パン粉、パルミジャーノ、にんにくオイル大さじ**3**を入れて混ぜ合わせる（c）。

5 **1**のたらに小麦粉、溶き卵、**4**の順につける。

6 フライパンにオリーブオイルを中火で熱し、たらを両面焼きバター、にんにくオイル小さじ2を入れ、バターの泡をたらにかけながら火入れする。器に盛りトマト、サニーレタスなど（すべて分量外 あれば）を添える。

b. パン粉を細かくする

パン粉をビニール袋に入れ
麺棒で砕いて細かくする。
たらにパン粉がつきやすくなり、
揚げたときの口当たりがよくなる。

（ にんにくオイルを作る ）

にんにくオイルは作りおきでき、
炒め物やドレッシングなどいろいろ使える。

材料／作りやすい分量

にんにく …… 3かけ

オリーブオイル …… 90ml

作り方

1 にんにくは皮をむきみじん切りにする。

2 フライパンにオリーブオイル、にんにくを入れきつね色になるまで極弱火で5分ほどじっくり加熱し、オイルににんにくの香りを移したあと、ザルで濾す。

c.「ハーブパン粉」を作る

ハーブ、パルミジャーノ、
パン粉を混ぜ合わせたハーブパン粉に
にんにくオイルを加えてよく混ぜる。

えびのベニエ
（春巻き風）

ベニエとはフランス語で「揚げた生地」のこと。
家庭で作りやすいように春巻きの皮でアレンジ。

えびはプリッ、
春巻きの皮はサクッ!

（ 材料／2人分 ）

ブラックタイガー …… 10尾
春巻きの皮(小) …… 10枚
フレッシュバジル(または大葉)
　　　　 …… 10枚
水 …… 適量
揚げ油 …… 適量

point

ココが
格上げ！

（ 作り方 ）

1 ブラックタイガーは**殻をむき背ワタを取り**（ɑ）、水けをキッチンペーパーで拭き取る。

2 **春巻きの皮にブラックタイガーとバジルをのせ、春巻きを作る要領で巻き**（b）、巻き終わりは水をつけて留める。

3 フライパンに揚げ油を180℃に熱し、**2**を入れて表面がきつね色になり、ブラックタイガーに火が通る程度にカラリと揚げる。

4 器に盛りバジル(分量外 あれば)をのせ、タルタルソース(下記参照)を添える。

ɑ. えびの背ワタを取る

背ワタが残っていると舌ざわりがよくないので
毛抜きや竹串などで取る。

b. 春巻きの要領で巻く

春巻きの皮に背を上にしてえびを置き
バジルをのせて、春巻きの要領で巻く。

（ タルタルソースを作る ）

卵黄にオリーブオイルを
　少しずつ加えれば、
　マヨネーズが作れる。

材料／作りやすい分量

卵黄 …… 1個分
塩 …… 小さじ1/2
エクストラヴァージン・オリーブオイル …… 200ml
　┌ マスタード …… 大さじ2
　│ コルニッション
　│ 　(またはピクルス・みじん切り) …… 大さじ1
A │ ケッパー(みじん切り) …… 20粒分
　│ アンチョビ(みじん切り) …… 1切れ分
　│ 白ワインビネガー(または酢) …… 小さじ1/2
　│ レモン汁 …… 小さじ1/2
　└ チリペッパー(あれば) …… 少々
塩 …… 少々

作り方

1 マヨネーズを作る。ボウルに卵黄、塩小さじ1/2を入れしっかり混ぜ、泡立て器で混ぜながらオリーブオイルを少しずつ加える(市販のマヨネーズで代用可)。

2 タルタルソースを作る。**1**に**A**を入れてよく混ぜ合わせ、塩少々を入れて味をととのえる。

（ 材料／2人分 ）

サーモン（刺身用・さく）…… 140g
塩 …… 少々
ミニトマト …… 4個
ブロッコリースプラウト
　　…… ¼パック

（ 作り方 ）

1 サーモンの両面に塩をふり冷蔵庫に
30分ほど置く（ a ）。ミニトマトは湯
むきして（P.60参照）、4等分する。ブ
ロッコリースプラウトは根元を切る。

2 サーモンは表面の水分をキッチンペー
パーで拭き取り、**身の繊維に沿って薄
く切り分ける**（ b ）。

3 器に盛り、ドレッシング（下記参照）を
かけ、ミニトマト、ブロッコリースプ
ラウトを全体に散らす。

a. 塩をふる

サーモンに塩をふって時間をおくことで
生臭さを消して身をほどよく引き締める。

b. 繊維に沿って切る

できるだけ薄くそぎ切りにして
ドレッシングとなじみやすくする。

（ ドレッシングを作る ）

しょうゆ、しょうが、みょうが、大葉など
和テイストをプラスしたドレッシングで
「洋」と「和」をつなぐ。

材料／2人分

A	おろししょうが …… 小さじ1
	しょうゆ …… 小さじ1
	白ワインビネガー …… 大さじ1
	エクストラヴァージン・オリーブオイル …… 大さじ4
B	みょうが（粗みじん切り）…… 1本分
	ラディッシュ（約5mmの角切り）…… 2個分
	大葉（みじん切り）…… 5枚分

作り方

1 ボウルにAを入れて混ぜ合わせ、
さらにBを加える。

まんべんなく
ドレッシングをまわしかけ
鮮やかな色彩を演出

サーモンのカルパッチョ

刺身で食べることが多い生サーモンをカルパッチョに。
しょうゆ、しょうがを加えたドレッシングで和テイストに。

chapitre 3

家庭料理

ハンバーグ、しょうが焼き、唐揚げ……
マンネリしがちな夕飯がフレンチシェフの
ワンテクでバージョンアップ。
いつものおかずが激旨になる。

調味料やスパイスで冒険して新しい味と出会う

point

調味料の合わせ方で格上げ！

調味料の使い方の固定観念を取り払うと
味つけのバリエーションが広がる。
フレンチに和の調味料のみそやしょうゆを使ったり、
はちみつで甘みを、ヨーグルトで酸味をつけるのもよし。

パンに塗るピーナッツバターを
調味料として活用。
ナッツ風味がクセになる

ロシア料理の「ビーフストロガノフ」に
和のテイストの西京みそを入れて
ご飯に合うおかずにする

砂糖の代わりにはちみつを使うと
コクのある甘さに。
まろやかな甘さは料理の格を上げる

酢の代わりに
ヨーグルトとケッパーで
酸味をプラスし、
マンネリの味つけから抜け出そう!

point

スパイスの
使い方で
格上げ!

この本に登場するナツメグ、クミン、シナモン、
パプリカパウダーなどをはじめとして、
フレンチにはスパイスが欠かせない。
使い方は難しく考えずに、まずは試してみることが大事。
「この食材にこのスパイスはどうかな?」と
食材とスパイスが持つ風味や香りの組み合わせを
イメージしてどんどん取り入れてみよう。

今はほとんどのスパイスが
近所のスーパーで
手ごろな値段で買える

つけ合わせの
野菜をのせると
立体的な
盛りつけになる

歓喜の肉汁!!

肉汁封印ハンバーグ

ひき肉を粘りが出るまでこねるものと、
さっくり混ぜるものの2つに分けると、
ひき肉の粒感のある肉々しいハンバーグが完成。

（ 材料／2人分 ）

合いびき肉 …… 300g
玉ねぎ（粗みじん切り） …… ½個分
オリーブオイル …… 小さじ2
塩 …… ひとつまみ
水 …… 50ml

A
牛乳 …… 大さじ2
パン粉 …… 20g
おろしにんにく
　　…… 1かけ分
ナツメグ …… 少々
オールスパイス …… 少々

（ ソースの材料 ）

玉ねぎ（薄切り） …… ½個分
きのこ類（しめじ、まいたけ、しいたけは石づきを
　取りひと口大に切る） …… 全部で140g
バター …… 20g

B
赤ワインビネガー …… 大さじ4
しょうゆ …… 小さじ2
ウスターソース …… 小さじ2
マスタード …… 小さじ2
赤ワイン …… 100ml
オレンジジュース …… 50ml

※ソースの玉ねぎときのこ類はなしでもOK。

（ 作り方 ）

1 フライパンにオリーブオイル、玉ねぎを入れ塩をふり中火で炒める。**しんなりしたら水を加え（ａ）、炒めて水分がなくなったらバットに取る。**

2 ボウルに合いびき肉の⅓量を入れ、**氷水にボウルを浸けながらひき肉をしっかりこねる（ｂ）。**

3 **2** に **1** の玉ねぎ、**A** を加え、さらにしっかりこねる。**残りのひき肉を加えさっくり混ぜ（ｃ）、ハンバーグ形に成形して中の空気を抜き（ｄ）、冷蔵庫で10分休ませる（ｅ）。**

4 フライパンにオリーブオイル小さじ2（分量外）を中火で熱し、**3** を入れ**片面1分、ひっくり返して1分を2回繰り返し、側面も焼き色をつけたら（ｆ）、**アルミホイルをかぶせて極弱火で5分火入れする。肉に金串を刺して火が入ったことを確認したら（P.34参照）、バットに取り出す。

5 ソースを作る。フライパンの汚れをキッチンペーパーでサッと拭き取り、バターを入れて中火で溶かし、玉ねぎ、きのこ類を入れて炒めしんなりしたら、**B** を混ぜたものを加え⅓量まで煮詰めてとろみを出す。

6 器に **4** のハンバーグを盛りつけ、**5** のソースをかける。

肉汁封印ハンバーグ

a. 水を入れて玉ねぎを炒める

飴色玉ねぎには
しない

玉ねぎは飴色にすると味が強すぎるので、
焦げ目がつかないように
水を加えて火を入れる。

b. ボウルを氷水に浸ける

手の温かさが伝わって肉の脂肪が溶けると、
火入れしたときに肉の結着力が弱まる。
肉ダネが入ったボウルを氷水に
浸けながらこね、肉が温まるのを防ぐ。

c. 残りの肉を加えてさっくり混ぜる

ひき肉の1/3量はつなぎ用にしっかりこね、
残りの2/3量は肉感を残すために
肉の粒をつぶさないようにさっくり混ぜる。

スパ パン パン タイム

d. 成形して空気を抜く

肉ダネの中に空気が残っていると、
火入れした際に表面のひび割れの
原因になる。

e. 冷蔵庫で休ませる

冷蔵庫で休ませて肉の温度を下げることで
結着力が回復し、火入れした際の
ひび割れや焼き崩れが防げる。

f. ひっくり返しながら焼く

1分焼いたらひっくり返すを繰り返して
ゆっくり火入れすると、
肉汁が外に漏れにくくなる。

最後は
アルミホイルを
かぶせ極弱火に!

これだと
ちょいと肉汁が
漏れすぎ

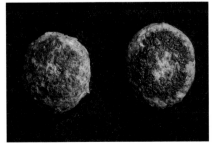

× 両面を焼いたあと
水を入れて
蒸し焼きにしたもの

○ こまめに
ひっくり返しながら
火入れしたもの

火入れでこんなに差が…

水を加えて蒸し焼きにすると
高温の蒸気で一気に火が入り、
肉がダメージを受けて
肉汁が肉の外に出やすい。
また焼き縮みしてひとまわり小さくなる。
ゆっくり火入れすると肉汁が漏れにくく、
肉の中に封印できる。

しょうが焼きステーキ

しょうゆベースの甘じょっぱい味で
おなじみのしょうが焼きが、コリアンダーパウダー、
はちみつ、粒マスタードでレストランの味に。

（ 材料／2人分 ）

豚肩ロース肉 …… 2枚（200g）
コリアンダーパウダー …… 少々
塩 …… 少々
オリーブオイル …… 小さじ2
バター …… 10g

A	おろししょうが …… 小さじ2
	おろしにんにく …… 小さじ1
B	しょうゆ …… 大さじ2
	はちみつ …… 大さじ1
	粒マスタード …… 大さじ⅔
	水 …… 大さじ⅔

（ 作り方 ）

1 豚肩ロース肉は**赤身と脂身の境目に包丁を入れてスジ
を切る**（ *a* ）。両面にコリアンダー、塩をふる。

2 フライパンにオリーブオイルを強火で熱し、**肉の両面
と側面を焼き**（ *b* ）、バットに取る。

3 同じフライパンにバターを入れ、極弱火で熱し焦がし
バターの手前まで溶かす。

4 肉をフライパンに戻し、**バターを片面1分ずつまわし
かけながら火を入れる**（ *c* ）。火を止めて余熱で1分
火入れする。肉に金串を刺して火が入ったことを確認
したら（P.34参照）、バットに取る。

5 そのままフライパンを中火で熱し **A**、**B** を入れ（ *d* ）、
弱火で少し煮詰めたら肉を戻しサッとからませる。

6 器に盛りつけ、千切りキャベツとピクルス（どちらも
分量外 あれば）を添える。

point
ココが
格上げ！

a. スジを切る

火入れしたときの肉のそり返りと焼き縮みを
防ぐために赤身と脂身の境目にあるスジを切る。

b. 肉の両面と側面を焼く

肉は両面だけではなく側面も焼き、
全面からじっくり火入れすると肉汁が逃げにくい。

c. バターをかけながら
火入れする

バターは焦がすと苦みが出るので焦がさない。
バターをかけながら火入れをして、
風味を肉にまとわせる。

d. はちみつを加える

みりんではなくはちみつで甘みをつける。
はちみつのコクとやさしい甘みで
ワンランク上の味に。

スパイシー唐揚げ

スパイスで下味をつけ、
しょうゆ味のマンネリ唐揚げから抜け出す。
スパイス感満点でやめられない、とまらない。

＼ コレですよ、コレ! ／

（ 材料／作りやすい分量 ）

鶏もも肉 …… 2枚(500g)

塩・黒こしょう …… 各少々

A
| おろししょうが …… 小さじ2
| おろしにんにく …… 小さじ1
| レモン汁 …… 少々
| シナモン …… 2g
| クミン・コリアンダーパウダー・
|　 黒こしょう …… 各1g
| 塩 …… ひとつまみ

溶き卵 …… 1個分

小麦粉 …… 大さじ2

片栗粉 …… 適量

揚げ油 …… 適量

B
| シナモン …… 2g
| クミン・コリアンダーパウダー・
|　 黒こしょう …… 各1g
| 塩 ……ひとつまみ

（ 作り方 ）

1 鶏もも肉は気になるスジや脂を切り取り、
ひと口大に切る。

2 ボウルに肉を入れ、塩・黒こしょうをふり
全体になじませ、**Aを加えてもみ込み、さ
らに溶き卵、小麦粉を加えて混ぜ、"落とし
ラップ"をして冷蔵庫に30分ほど置く**（ɑ）。

3 2の肉に片栗粉をまぶし、1回目は揚げ油
を160 〜 180℃に熱して1分揚げ、バッ
トに取り油を切り2分休ませる。**2回目は
揚げ油を190度〜200℃に熱して2分揚げ**
（b）、バットに取り、肉に金串を刺して火
が入ったことを確認する（P.34参照）。

4 ボウルに3の唐揚げ、**Bを入れ、ボウルを
ふって唐揚げにスパイスをまぶす**（c）。
器に盛りレモン、マヨネーズ（どちらも分
量外）を添える。

point
ココが
格上げ！

ɑ. 下味をもみ込んで
"落としラップ"をする

下味は手でしっかりもみ込み、
落としラップをして味をしみ込ませる。

b. 2度揚げする

1回揚げて休ませることで肉汁が落ち着く。
2回に分けて揚げ、じっくり火入れすると
肉汁が逃げにくくなる。

c. 仕上げに
スパイスをまぶす

仕上げにスパイスを全体に
まぶしスパイシーな仕上がりにする。

潤い月豕ヒレカツ

パサつきがちな厚切りヒレカツは
3度揚げでじっくりと火を入れる。
かけた手間が報われる最高のジューシー感。

（ 材料／2人分 ）

豚ヒレ肉 …… 200g
塩 …… ひとつまみ
小麦粉 …… 大さじ2
溶き卵 …… 1個分
パン粉 …… 20g
揚げ油 …… 適量
A ┃ マヨネーズ …… 大さじ3
　┃ ケチャップ …… 大さじ1

（ 作り方 ）

1 豚ヒレ肉は気になるスジや脂を切り取り、塩をふり15分ほどおき2つに切り分ける。

2 肉を小麦粉、塩ひとつまみ（分量外）を入れた溶き卵、パン粉の順につけ、さらに溶き卵とパン粉を**2回つける**（ａ）。

3 フライパンに揚げ油を180℃に熱し肉を揚げる。1分揚げたら、バットに取りアルミホイルをかぶせて2分休ませる。2回目は30秒揚げて2分休ませ、3回目も同様にして**3度揚げし**（ｂ）、バットに取り肉に金串を刺して火が入ったことを確認する（P.34参照）。

4 小さめのボウルにＡを入れて混ぜ合わせてソースを作る。

5 3を半分にカットして器に盛り、千切りキャベツ、ミニトマト（どちらも分量外　あれば）、ソースを添える。

point

**ココが
格上げ！**

ａ. **パン粉を2度づけする**

厚切り肉の場合、パン粉づけが1回だと
パン粉が肉汁を吸収して湿り、
サクッと揚がりにくい。
2度づけすると表面のパン粉がサクッ！

ｂ. **3度揚げする**

肉を休ませながら数回に分けて揚げることで、
肉汁を逃さず潤いをキープしたまま火が入る。

**火入れで
こんなに差が…**

肉を休ませずに一気に火入れすると
火が入りすぎてパサつきやすい。
じっくり火入れすると
肉汁が逃げずしっとり。

✕ 1度揚げで火が
入りすぎたもの

◯ 3回に分けてじっくり
火入れしたもの

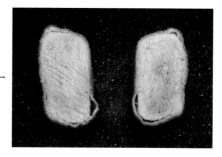

シビレる辛さの 麻婆豆腐

使用する調味料は多めだが、そのひと手間で、
家で本格的な四川麻婆豆腐が再現できる。
シビレる辛さがやみつきになるはず。

ご飯にかけても
旨し！……です

（材料／作りやすい分量）

木綿豆腐 …… 1パック（300g）

豚ひき肉 …… 250g

オリーブオイル …… 小さじ2

塩 …… ひとつまみ

甜麺醤 …… 大さじ1
<small>てんめんじゃん</small>

紹興酒（または日本酒）…… 小さじ2
<small>しょうこうしゅ</small>

しょうゆ …… 小さじ1

A
- にんにく（みじん切り）…… 2かけ分
- 豆板醤 …… 大さじ1
  <small>とうばんじゃん</small>
- 豆鼓醤 …… 大さじ1
  <small>とうちじゃん</small>
- 練り唐辛子（あれば）…… 小さじ1
- ラー油 …… 小さじ½
- 一味唐辛子 …… 少々

花椒（あればシード）…… 少々
<small>ほあじゃお</small>

鶏がらスープ …… 200ml

ごま油 …… 大さじ1

黒こしょう …… 少々

長ねぎ（白い部分　みじん切り）…… 20cm分

にんにくの芽（細かくきざむ）…… 2本分

水溶き片栗粉 …… 適量

（作り方）

1 豆腐は約2cm角に切り、1分**塩ゆでして バットに取る**（ａ）。

2 フライパンにオリーブオイルを強火で熱し、豚ひき肉を入れ塩をふり、**しっかり炒めて脂を出し**（ｂ）、フライパンにたまった脂を捨てる。

3 甜麺醤、紹興酒、しょうゆを加えてジャージャーを作り器に取る。

4 フライパンの汚れをキッチンペーパーでサッと拭き取り、**Aを入れ、中火でしっかり炒め**（ｃ）、花椒を加える。

5 鶏がらスープを入れ、**3**のジャージャーを戻し入れる。

6 **1**の豆腐を入れ全体を混ぜ合わせ、ごま油を加え黒こしょうをふる。

7 長ねぎ、にんにくの芽を入れサッと火を入れ、水溶き片栗粉を加えて好みのとろみにする。

ａ. 豆腐を塩ゆでする

塩ゆですることで豆腐に弾力が出て、
型崩れしにくくなる。

ｂ. ひき肉を炒めて脂を出す

ひき肉はしっかり炒めて
余分な脂を出しカリッとした食感を出す。

ｃ. 辛味の調味料を炒める

豆板醤、豆鼓醤など辛い調味料は
炒めることで香りが引き立つ。

辛っ! 旨っ!

大人のハヤシライス

市販のルウを使わずに赤ワイン、
ケチャップ、ウスターソースで作る。
子どもはもちろん、大人ウケも抜群。

（ 材料／2人分 ）

牛こま切れ肉 …… 200g
塩 …… ひとつまみ
玉ねぎ …… ½個
にんにく …… 1かけ
マッシュルーム …… 4個
オリーブオイル …… 小さじ2
小麦粉 …… 大さじ1

赤ワイン …… 300ml
ケチャップ …… 大さじ2
ウスターソース …… 大さじ1
牛乳 …… 70ml
顆粒コンソメで作ったスープ
　　…… 150ml
塩・黒こしょう …… 各少々

（作り方）

1 牛こま切れ肉はひと口大に切り塩をふる。玉ねぎは約1cm幅の細切り、にんにくはみじん切り、マッシュルームは約5mm厚さにスライスする。

2 フライパンにオリーブオイルを中火で熱し、**肉を炒め軽く焼き色がついたらバットに取る**（ⓐ）。

3 フライパンにオリーブオイル小さじ2（分量外）を足し、玉ねぎ、にんにくを入れて中火で炒め、玉ねぎがしんなりしたら、マッシュルームを加えて、さらに炒める。

4 2の肉をフライパンに戻し、**小麦粉をふり全体にからめ**（ⓑ）、**赤ワインを加えて中火で水分がほぼなくなるまで煮詰める**（ⓒ）。

5 具材をフライパンの端に寄せ、空いたスペースに**ケチャップとウスターソースを入れて中火で炒める**（ⓓ）。

6 牛乳とコンソメのスープを入れ全体を混ぜ合わせて10分ほど煮詰める。塩・黒こしょうで味をととのえる。

7 器によそったご飯適量（分量外）にかける。

point
ココが
格上げ！

ⓑ. 小麦粉を加える

ソースにとろみをつけるために
小麦粉を加える。
ダマにならないように全体になじませる。

ⓒ. 赤ワインを加える

赤ワインの芳醇な風味を加えて
味に奥行きを出す。

ⓐ. 肉をバットに取る

肉に火が入りすぎると硬くなるので、
いったん取り出す。

ⓓ. ケチャップと
ソースを炒める

炒めることで水分をとばして味を濃縮させる。

ピーナッツバター チキンカレー

ピーナッツバターはパンに塗るだけのものではない。
調理料として加えることで一気にエスニックな味わいに。

(材料／2人分)

鶏ひき肉 …… 200g

A
- プレーンヨーグルト …… 50g
- おろししょうが …… 小さじ2½
- おろしにんにく …… 小さじ2½
- レモン汁 …… 小さじ1
- クミン …… 小さじ1
- パプリカパウダー …… 小さじ½
- ターメリック …… 小さじ½
- 塩 …… ひとつまみ

玉ねぎ(みじん切り) …… ½個分
オリーブオイル …… 小さじ2
ガラムマサラ …… 小さじ1
トマト缶(ホール) …… 1缶
ピーナッツバター(粒入りタイプ) …… 50g
水 …… 150ml

(作り方)

1 ボウルに鶏ひき肉、Aを入れて混ぜ合わせて (a)10分ほどおく。

2 フライパンにオリーブオイルを中火で熱し、玉ねぎを炒め**ガラムマサラをふる**(b)。

3 トマト缶を加え炒める(c)。

4 ピーナッツバターを加え(d)、全体を混ぜ合わせてから水を加えて沸かす。

5 1のひき肉を丸めて(e)4に入れ、**フタをして弱火で10分ほど火入れする**(f)。

6 火が入ったら**ゴムベラでほぐして**(g)、全体を混ぜ合わせ、余分な水分を煮詰める。

7 器によそったご飯適量(分量外)にかける。

ピーナッツバターチキンカレー

point
ココが
格上げ！

a. ひき肉に下味をつける

ひき肉とスパイス類をよく混ぜ合わせて、
ヨーグルトでさわやかな酸味と
コクを加える。

ガラムマサラを
玉ねぎにまとわせる

b. ガラムマサラをふる

ガラムマサラはクミン、シナモン、
クローブなど数種類のスパイスが
ミックスされたもの。
ひとふりで本格派カレーの香りが漂う。

c. トマト缶の水分をとばす

トマト缶を加えたら水っぽく
ならないように炒めて水分をとばし、
トマトの味を濃縮させる。

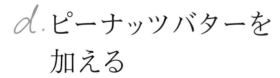

d. ピーナッツバターを加える

インド、タイ、インドネシアなどの
エスニック系カレーで使用される
ピーナッツペーストをピーナッツバターで代用。
手軽にナッツのコクと香ばしさが出せる。

e. ひき肉ダネを 丸める

丸めて大きな団子状にして
肉汁を閉じ込める。

この作り方なら
肉が含む香りを
逃がさない

f. フタをして 火を入れる

フタをしてひき肉団子の中まで火を入れる。

g. ほぐす

火が入ったらゴムベラでほぐして全体を混ぜ合わせる。
ひき肉1粒1粒が肉汁を含み、うま味が凝縮。

半玉使い切れる
キャベツグラタン

安売りで買ったキャベツの使い切りに
困ったらこのレシピを。
みんなが大好きな
グラタンにしておいしく食べ切る。

（材料／作りやすい分量）

キャベツ …… ½玉
玉ねぎ …… 1個
オリーブオイル …… 小さじ2
塩 …… ひとつまみ
顆粒コンソメで作ったスープ …… 150ml
ホワイトソース …… P.93と同量
パルミジャーノ・レッジャーノ
　（またはパルメザンチーズ）…… 20g
食パン（4等分にカット）…… 1枚分

（作り方）

1 キャベツは芯つきのまま6等分、玉ねぎはみ
　じん切りにする。

2 フライパンにオリーブオイルを中火で熱し、
　キャベツを入れ塩をふり（ａ）、フタをして3
　分ほど蒸し焼きにする。

3 **玉ねぎを加えて塩ひとつまみ（分量外）をふり
　5分ほど蒸し焼き**（ｂ）**にしたら、コンソメの
　スープを入れて**（ｃ）**10分ほど煮込む。**

4 ボウルにホワイトソースを入れ、**すりおろし
　たパルミジャーノを加えて混ぜる**（ｄ）。

5 耐熱皿に3を敷き詰め**食パンをのせ4をかけ**
　（ｅ）、すりおろしたパルミジャーノ適量（分
　量外）をかける。200℃に温めたオーブンで
　15分焼き、チーズに焼き色をつける。

焼く直前にすりおろすと
チーズの香りが際立つ

半玉使い切れる キャベツグラタン

point
ココが
格上げ！

a. キャベツに 塩をふる

キャベツに塩をふり水分を出して
キャベツの甘さを引き出す。

＼ フライパンにキャベツを敷き詰める ／

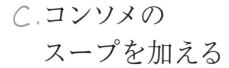

b. 玉ねぎを入れる

玉ねぎの甘さと風味を加えて、
味に奥行きを出す。

c. コンソメの スープを加える

顆粒コンソメを溶かして作った
スープのうま味を
キャベツと玉ねぎに煮含める。

d. ホワイトソースに パルミジャーノ・レッジャーノを 加える

ホワイトソース（P.93参照）に
すりおろしたパルミジャーノを加えて、うま味を足し算する。

e. 食パンをプラスする

食べ応えを増すと同時に、野菜のうま味が詰まった
コンソメのスープとホワイトソースがしみ込んだ
食パンでおいしさを倍増させる。

この濃厚な
ホワイトソースが
家で作れる

(ホワイトソースを作る)

バターと小麦粉を混ぜたものを、
温めた牛乳に一気に入れて混ぜ合わせると
ダマにならない。

泡立て器で
かくはんすると
ダマになりにくい

材料／作りやすい分量

バター …… 30g
小麦粉 …… 30g
塩・白こしょう・ナツメグ
　　…… 各少々
牛乳 …… 400ml

作り方

1 鍋にバターを入れ中火にか
ける。バターが溶けたら小
麦粉を加え混ぜる。

2 塩・白こしょう、ナツメグ
を入れて混ぜる。

3 温めた牛乳に 2 を全部入れ
てよく混ぜ合わせる。

みそが隠し味の ビーフストロガノフ

ヨーグルトの酸味をベースにしたルウに
西京みそでほのかな甘みを添える。
発酵食品同士でうま味の相乗効果を狙う。

（ 材料／作りやすい分量 ）

牛こま切れ肉 …… 300g
玉ねぎ …… 1個
にんにく …… 3かけ
マッシュルーム …… 5個
オリーブオイル …… 小さじ2
ナツメグ …… 少々
塩 …… ひとつまみ
白ワイン …… 100ml
小麦粉 …… 大さじ1
プレーンヨーグルト …… 80g
粒マスタード …… 小さじ2
ケッパー …… 10g
水 …… 200ml
西京みそ (または白みそと砂糖少々) …… 20g
黒こしょう …… 少々
イタリアンパセリ (きざむ) …… 適量

（ 作り方 ）

1 牛こま切れ肉はひと口大に切り、玉ねぎ、にんにくはみじん切り、マッシュルームは約5mm厚さにスライスする。

2 フライパンにオリーブオイルを強火で熱し、**牛肉を入れナツメグ**（ⓐ）、塩をふり炒め、牛肉に軽く焼き色をつけバットに取る。

3 同じフライパンに玉ねぎ、にんにくを入れ塩ひとつまみ（分量外）をふり、フタをしてフライパンを揺らしながら蒸し焼きにする。

4 玉ねぎがしんなりしたら、マッシュルームを加えさらに炒める。

5 マッシュルームがしんなりしたら**2**の牛肉を戻して白ワインを加え、水分がほぼなくなるまで煮詰める。

6 小麦粉を入れ、全体にからめたら**ヨーグルト、粒マスタード、ケッパーを加えて混ぜ**（ⓑ）、さらに水を加えて全体を混ぜ合わせる。**みそを加え**（ⓒ）、ほどよいとろみがつくまで中火で10分ほど煮込み、仕上げに黒こしょうをふる。

7 器に盛りイタリアンパセリを散らす。お好みでバゲット（分量外）を添える。

point
ココが
格上げ！

ⓐ ナツメグを入れる

ナツメグで牛肉の臭みを消す。
ハンバーグ以外にもナツメグの使い道を広げる。

b. ヨーグルト、粒マスタード、ケッパーを加える

ビーフストロガノフにはサワークリームを
使うのが一般的だが、他のレシピでも使えて
使い切りやすいこの3つで代用。

c. 西京みそを加える

西京みそのコクと上品な甘さで酸味のある
ルウがマイルドに。
バゲットにもご飯にも合う。

スペイン風
トマトの炊き込みご飯

もともとはオーブンで作る料理を
フライパン用にアレンジ。
このままド〜ンと出して、
"うちパ" メニューにもイケる。

point

ココが
格上げ！

（ 材料／作りやすい分量 ）

スペアリブ …… 4本

チョリソー …… 5本

厚切りベーコン …… 50g

塩 …… ひとつまみ

オリーブオイル …… 小さじ2

じゃがいも（皮をむき約5mm厚さにスライス）
　　…… 1個分

にんにく（皮ごと横半分にカット）…… ½個分

白ワイン …… 50ml

トマト缶（ホール）…… 150g

　　┃　パプリカパウダー …… 小さじ2
A　┃　ターメリック …… 小さじ1
　　┃　塩 …… ひとつまみ

米（洗ってザルに取る）…… 2合

オリーブオイル …… 小さじ2

塩 …… ひとつまみ

顆粒コンソメで作ったスープ …… 350ml

トマト（約5mm厚さにスライス）…… 1個分

ローリエ …… 1枚

（ 作り方 ）

1 スペアリブは塩ひとつまみをふり骨から肉を切り取る。チョリソー、ベーコンは約2cm角に切る。

2 油をひかないフライパンを強火で熱し、**スペアリブの肉を焼き、焼き色がついたらチョリソー、ベーコンを加えてサッと炒め**（*a*）バットに取る。

3 2のフライパンにオリーブオイル小さじ2を入れ、じゃがいもを中火で炒め焼き色がついたらバットに取る。

4 同じフライパンにオリーブオイル小さじ1（分量外）を入れ、半分にカットしたにんにくを切り口を下にして入れ、こんがりと焼き色をつけ取り出す。

5 同じフライパンに白ワインを入れ、中火で煮詰める。トマト缶を加えて炒め、**A**を加える。

6 5に米、オリーブオイル小さじ2、塩ひとつまみを入れて軽く混ぜ、2のスペアリブ、チョリソー、ベーコンを入れて全体を混ぜ合わせる。さらに**スペアリブの骨、コンソメのスープを加える**（*b*）。

7 **トマト、3のじゃがいも、4のにんにく、ローリエを入れ**（*c*）、フタをして強火にかけ沸騰したら弱火で15分炊き、火を止めて15分蒸らす。

a. スペアリブなどを炒める

スペアリブ、チョリソー、ベーコンを炒めて
香ばしさを出す。スペアリブは骨をはずし、
骨は米を炊くときにだしとして加える。

b. スペアリブの骨を加える

はずした骨をだしとして活用。
コンソメのスープを加えてうま味を倍増させる。

c. トマト、じゃがいも、
にんにくを入れる

半分にカットして切り口をこんがり焼いた
にんにくを真ん中に置き、トマト、じゃがいもを
交互に並べて、"映える"仕上がりに。

南仏風 ピーマンの肉詰め

よくあるピーマンの肉詰めが、
ひとふりのスパイスときざんだハーブで
平凡なおかずの殻を破る。

（ 材料／2人分 ）

合いびき肉 …… 250g	ピーマン …… 6個
塩麹 …… 大さじ1	小麦粉 …… 適量
卵 …… 1個	オリーブオイル
パン粉 …… 20g	…… 小さじ2
牛乳 …… 大さじ1	カレー粉 …… ひとつまみ
玉ねぎ …… ½個	白ワイン …… 150ml

A
パルミジャーノ・レッジャーノ
（またはパルメザンチーズ）…… 大さじ1
フレッシュバジル（みじん切り）
…… 10枚（または乾燥バジル 小さじ1）
オレガノ …… 小さじ1

B
バター …… 10g
ケチャップ
…… 大さじ2
はちみつ …… 小さじ1
しょうゆ …… 小さじ1

〔 作り方 〕

1 ボウルに合いびき肉、**塩麹**(a)、卵 を入れてよく混ぜる。

2 小さめのボウルにパン粉と牛乳を入 れて混ぜ合わせる。玉ねぎはみじん 切りにし、水にさらして、水けをし ぼる。

3 1に2、Aを加え混ぜ合わせる。

4 ピーマンをカットし種を取り除き (b)、**内側に小麦粉をまぶし3の肉 ダネを詰める**(c)。

5 フライパンにオリーブオイルを中火 で熱し、**4**のピーマンを入れカレー 粉をふり、**転がしながら全面に焼き 色をつける**(d)。白ワインを加え てフタをして極弱火で5分蒸し煮に する。

6 Bを加えて煮詰め、ピーマンにから ませる。

point
ココが
格上げ！

b. ピーマンをカットする

半割りではなく、片方が大きく、 もう片方が小さくなるようにカットする。 ヘタは取らなくてOK。

c. ピーマンの内側に 小麦粉をまぶす

小麦粉をピーマンと肉ダネの"接着剤"にして、 ピーマンから肉ダネがはがれた 残念な肉詰めにならないようにする。

a. 塩麹を入れる

塩でもOKだが、塩麹を使うことで 柔らかな塩味とコクが加わる。

d. 転がしながら火入れする

全面にまんべんなく焼き色をつけ香ばしく仕上げる。 半割りではなく丸ごと炒めるので肉ダネと ピーマンが分離しない。

[家庭料理 12]

赤ワイン香る 豚丼

赤ワインを加えることで豚丼が
ボルドー色の気品あふれるひと皿に。
フレンチと丼ものの奇跡のコラボをご賞味あれ!

（ 材料／2人分 ）

豚こま切れ肉 …… 200g
塩 …… ひとつまみ
玉ねぎ …… ½個
オリーブオイル …… 小さじ2
おろしにんにく …… 小さじ1
おろししょうが …… 小さじ1
A　赤ワイン …… 120ml
　　はちみつ …… 大さじ1
　　しょうゆ …… 小さじ2
卵黄 …… 2個分
万能ねぎ（小口切り）…… 少々
七味唐辛子 …… 適量

point
ココが
格上げ！

（ 作り方 ）

1 豚こま切れ肉はひと口大に切り塩をふる。玉ねぎは約1cm幅に切る。

2 フライパンにオリーブオイルを強火で熱し、肉を入れて炒め焼き色をつけ**バットに取る**（ɑ）。

3 同じフライパンにオリーブオイル小さじ2（分量外）を足し中火で熱し、玉ねぎを入れ塩ひとつまみ（分量外）をふって炒める。

4 玉ねぎがしんなりしたらフライパンの端に寄せ、**空いたスペースににんにく、しょうがを入れて炒める**（b）。

5 **2**の肉を戻して全体をサッと混ぜ合わせる。

6 **A**を加えて中火で沸かし（c）、**水分がほぼなくなるまで煮詰める**（d）。

7 丼にご飯適量（分量外）をよそい**6**をのせ、卵黄をトッピングし万能ねぎを散らし、お好みで七味唐辛子をふる。

ɑ. 肉をバットに取る

肉は焼き色をつけて香ばしさを出す。
火が入りすぎると硬くなるのでいったん取り出す。

b. にんにくとしょうがを
炒める

にんにくとしょうがは炒めて香りを立たせる。

c. 赤ワインを加える

赤ワインの芳醇な風味を加えて
味に奥行きを出す。
砂糖ではなくはちみつでコクのある甘みをつけ、
しょうゆの隠し味でご飯に合う味つけにする。

d. 煮詰める

煮詰めて水分をとばしてほどよい濃度をつける。

魚介のうま味濃縮 シーフードピラフ

冷凍シーフードは米と一緒に炊き込まない。
これが冷凍食品特有の "冷凍臭" を
ご飯に移さないのが格上げの肝。

（ 材料／2人分 ）

炊き込みご飯（下記参照） …… 米1合分
冷凍シーフード …… 270g
オリーブオイル …… 小さじ2
塩 …… ひとつまみ
白ワイン …… 20ml
バター …… 5g

A
玉ねぎ（みじん切り） …… ¼個分
にんじん（みじん切り） …… ¼本分
にんにく（みじん切り） …… 2かけ分

パセリ（きざむ） …… 少々
いしり（魚醬またはナンプラー） …… 小さじ1
塩・白こしょう …… 各少々

ɑ. 白ワインを煮詰める

白ワインは煮切ってアルコール分をとばす。

（ 作り方 ）

1 冷凍シーフードは流水解凍して水けを拭き取る。

2 フライパンにオリーブオイルを強火で熱し、**1**の
シーフードを入れ塩をふり30秒ほど炒める。

3 **白ワインを加え煮詰めたら**（ɑ）バットに取る。

4 同じフライパンにバターを入れ中火で溶かし、**A**
を入れ塩ひとつまみ（分量外）を加えて炒める。
玉ねぎがきつね色になったら、**3**のシーフードを
加えて混ぜ合わせる。

5 炊き込みご飯、パセリを加えて混ぜたら端に寄
せ、空いたスペースに**いしりを入れて**（♭）煮詰
めてから、全体を混ぜ合わせる。味見をして塩・
白こしょうで味をととのえる。

♭.「いしり」を加える

魚介つながりで魚醬のいしりを加え、
魚介のうま味とコクを際立たせる。

（ 炊き込みご飯を作る ）

基本の分量を
覚えておくと便利。

材料／2人分

米（洗ってザルに取る） …… 1合
顆粒コンソメで作ったスープ
　　…… 230ml
しょうゆ …… 小さじ½
バター …… 5g

作り方

1 厚手の鍋に材料を入れ30分ほど浸水させる。

2 鍋のフタのまわりをアルミホイルでふさぎ強火にかけ、沸騰
したら弱火で13分炊き、火を止めて15分蒸らす。

※炊飯器で作る場合は材料を内釜に入れて、スイッチON。

chapitre 4

パスタ料理

定番パスタ料理は
プロの基本テクを押さえた本格的な味に。
アレンジメニューは手軽に作れるのに
ひと味違う仕上がりに。
パスタ料理のバリエーションが広がる。

パスタ料理

パスタとソースの一体感は「乳化」がカギを握る

ちょっとフライパンをあおってみる

point

乳化で
格上げ！

「乳化」とは、本来混ざり合わない物が混ざることで、
料理では水分とオイルが混ざった状態のことを指す。
パスタ料理のソース作りではパスタのゆで汁を加えるが、
ゆで汁とオイルが分離した状態だと味がのらず、
パスタとのからみもイマイチ。
乳化することでほどよいとろみ感のあるソースになる。

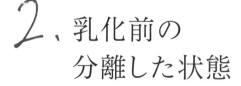

1. ソースにゆで汁※を加える

ソースにレシピの分量のゆで汁を加える。
※パスタは、湯量の1%の塩を入れたお湯でゆでる。

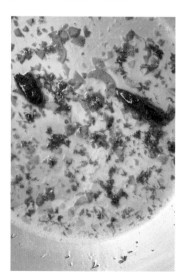

2. 乳化前の分離した状態

ゆで汁とオイルが分離している。
オイルには味が入らないので、
この状態では味にまとまりがない。

3. パスタを入れて軽く混ぜる

最初は水分が多くてシャバシャバしている。

4. 混ぜる

中火にして混ぜて、
パスタに水分を吸わせる。

5. 水分が減ってくる

パスタが水分を吸って、
水分の量が減ってくる。

6. 乳化する

乳化にちょうどいい量までゆで汁が減ったら、
水分とオイルが混ざり合い乳化する。
うまくいかない場合はゆで汁を再度加えて、
やり直せばよし。

＼ もうひと格上げ ／

器を温める

パスタをゆでている鍋に
器をかぶせて温めると、盛りつけたあと、
パスタの温度が下がりにくくなる。

極めつけの ペペロンチーノ

材料がシンプルだからこそ、ひと手間で違いが出る。
にんにくの香りが際立ち、鷹の爪の辛味がキリッ！
にんにくチップのアクセントがいい。

（ 材料／2人分 ）

パスタ …… 160g
にんにく …… 4かけ
鷹の爪 …… 2本
パセリ …… 適量
オリーブオイル …… 60ml
ゆで汁 …… 100ml
しょうゆ …… 小さじ1

（ 作り方 ）

1 **にんにくは芽を取り除き**（ a ）**スライスする。鷹
の爪は半分にカットして種を取る。パセリはみじ
ん切りにする**（ b ）。

2 にんにくチップを作る。フライパンにオリーブオ
イル、**にんにく、鷹の爪を入れ中火で炒める**（ c ）。
にんにくはきつね色になったら取り出す。

3 **2** のフライパンに取り出したにんにくチップの半
量を砕いたもの、パセリの半量、ゆで汁を入れて
強火にかけ、沸騰したら弱火にして**しょうゆを入
れる**（ d ）。

4 ゆで上がったパスタを **3** に入れ中火にして混ぜ合
わせ、ゆで汁とオイルを乳化させる。

5 皿に盛りつけ、残ったパセリ、**2** のにんにくチッ
プをトッピング。鷹の爪をアクセントに。

point

ココが
格上げ！

a. にんにくの芽を取り除く

にんにくの芽は苦みがあり、香りが強すぎるので
取り除く。金串などを使うと取りやすい。

b. パセリをみじん切りにする

パセリはたたくとエグミが出るので、
包丁の刃でしっかり切る。

C. にんにくと鷹の爪を炒める

じっくり炒めて、にんにくの風味と鷹の爪の辛味を
オリーブオイルに移す。

d. しょうゆを加える

ゆで汁とオリーブオイルのソースにしょうゆを
隠し味として加え、コクとうま味を追加する。

とろけるカルボナーラ

卵黄と生クリームを先に混ぜてから
パスタに加えれば、卵が分離することなく、
トロ〜リなめらかな絶品に。

パスタ …… 160g

厚切りベーコン（拍子木切り）…… 80g

オリーブオイル …… 小さじ2

にんにく（みじん切り）…… 2かけ分

ゆで汁 …… 150ml

A
| 卵黄 …… 4個分
| 生クリーム …… 大さじ4
| パルミジャーノ・レッジャーノ
| （またはパルメザンチーズ）…… 30g
| 黒こしょう …… 少々

パルミジャーノ・レッジャーノ
  （またはパルメザンチーズ）…… 適量

黒こしょう …… 少々

point
ココが
格上げ！

（ 作り方 ）

1 **A**を混ぜ合わせる（ a ）。

2 火をつける前のフライパンに**ベーコン、オリーブオイルを入れ、中火でじっくり炒める**（ b ）。ベーコンがこんがり焼けたら火を止めてにんにくを入れ、余熱で火入れする。

3 ゆで汁を加え、**フライパンについたベーコンの焦げをヘラでこそげ落とす**（ c ）。

4 ゆで上がったパスタ、**A**を入れ、**極弱火で混ぜる**（ d ）。

5 器に盛りつけ、パルミジャーノ、黒こしょうをふる。

a. 卵黄と生クリームを混ぜ合わせる

卵黄単体でパスタと合わせると
火が入りやすく固まりやすいが、
生クリームと合わせることで
ゆっくり火が入りボソボソにならない。

b. ベーコンを炒める

じっくり炒めてベーコンの脂を出し
オリーブオイルに加える。

c. ベーコンの焦げをこそげ落とす

フライパンについたベーコンのうま味と
香ばしさが凝縮した焦げをゴムベラで
こそげ落として、ソースに加える。

d. 極弱火で混ぜる

ソースが乳化する前に卵が固まらないように、
極弱火にしてパスタとソースを混ぜ合わせる。

旨辛 アラビアータ

食べるラー油を使うことで
簡単に自分好みの辛さが出せる。
辛さの中に旨さが光るアラビアータがパパッと完成！

（ 材料／2人分 ）

パスタ …… 160g
食べるラー油 …… 小さじ4
ゆで汁 …… 70ml

point

ココが
格上げ！

（ 作り方 ）

1 トマトソース（下記参照）に**食べるラー油を入れ**（**∩**）、ゆで汁でソースの濃度を調整する。

2 ゆで上がったパスタを加えてトマトソースをからませる。

3 器に盛りつけ、お好みで食べるラー油をかけてもOK。

ピンセットでクルクルすると
盛りつけの形が決まる

∩・食べるラー油を入れる

パスタを合わせる1分ほど前に加えて
辛さを際立たせる。好みの辛さに調整可。

（ トマトソースを作る ）

冷蔵で1週間、冷凍で3カ月を目安に保存可。
作りおきにおすすめ。

作り方

1 トマトとミニトマトを湯むきする（P.60）参照。トマトは約1cm角、ミニトマトは半分に切る。にんにくはみじん切りにする。鷹の爪は種を取る。

2 トマトに塩をふり3分ほどおく。

3 フライパンにオリーブオイルを弱火で熱し、にんにくを入れてじっくり炒め、フツフツしてきたら鷹の爪を入れる。

4 にんにくの香りが立ったら**2**のトマト、ミニトマトを加え混ぜながら中火で10分ほど煮詰める。

材料／2人分

トマト …… 2個
ミニトマト …… 12個
塩 …… ひとつまみ
オリーブオイル
　　…… 大さじ2
にんにく …… 4かけ
鷹の爪 …… 2本

＼完成！／

（ 材料／2人分 ）

パスタ …… 160g
ブロッコリー …… 150g
アボカド …… 1個
アンチョビ …… 1切れ
にんにく …… 2かけ
フレッシュバジル
　　…… 10枚
オリーブオイル
　　…… 小さじ2
塩 …… ひとつまみ
ゆで汁 …… 200ml
塩・白こしょう …… 各少々
パルミジャーノ・
　レッジャーノ
　（またはパルメザンチーズ）
　　…… 適量

[パスタ料理 4]

ジェノバ風スパゲッティ

材料をペースト状にする
ジェノベーゼソースが
ミキサーやフードプロセッサーなしでも
手軽に作れるレシピ。

（ 作り方 ）

1 ブロッコリーはひと口大に切る。アボカドは種を取って皮をむきひと口大に切る。アンチョビ、にんにく、バジルはみじん切りにする。

2 フライパンにオリーブオイルを強火で熱し、ブロッコリーを入れ塩をふり炒める。焼き色がついたら、アボカドの半量を加えて同じように焼き色をつける。

3 ブロッコリーとアボカドをフライパンの端に寄せ、**空いたスペースでアンチョビ、にんにくを弱火で炒める**（*a*）。

4 ゆで汁を加え、フタをして中火で3分ほど煮込む。ブロッコリーに火が入ったらアボカドも一緒に**フォークでつぶし**（*b*）、塩・白こしょうをふる。

5 バジルと残りのアボカドを入れ、ゆで上がったパスタを加えて全体を混ぜ合わせる。

6 器に盛りパルミジャーノをふり、フレッシュバジル（分量外　あれば）をトッピングする。

a. **アンチョビと
にんにくを炒める**

全体と混ぜ合わせる前に
炒めて香りを立たせる。
別のフライパンを用意しなくても
端っこで炒めればOK。

b. **フォークでつぶす**

ブロッコリーは火が入っているので
フォークでつぶせば
簡単にペースト状に。

ホテルの ナポリタン

牛乳を加えることで
ソースがなめらか＆クリーミーに。
ケチャップを炒めて水分をとばして
甘みを引き出す。

（ 材料／2人分 ）

パスタ …… 160g
玉ねぎ …… ½個
ピーマン …… 1個
ウインナー …… 6本（120g）
オリーブオイル …… 小さじ2
ケチャップ …… 大さじ4
牛乳 …… 大さじ4
ゆで汁 …… 適量
塩・黒こしょう …… 各少々
パルメザンチーズ …… 適量

（ 作り方 ）

1 玉ねぎは約1cm幅に切り、ピーマンは縦半分に切り種を取ってから細切り、ウインナーは約8mm幅の斜め切りにする。

2 フライパンにオリーブオイルを中火で熱し、玉ねぎを入れて炒め軽く焼き色をつける。

3 ウインナーを加えて炒め脂が出てきたら、ピーマンを入れてしんなりするまで炒める。

4 具をフライパンの端に寄せ、空いたスペースにケチャップを入れて弱火で炒め、ケチャップの水分をしっかりとばす。

5 **牛乳を入れ**（ⓐ）、水分が足りなければゆで汁を加えて、全体を混ぜ合わせながら煮詰める。ゆで上がったパスタを加えて混ぜ合わせ塩・黒こしょう、チーズをふる。

point

ココが
格上げ！

ⓐ. 牛乳を加える

牛乳を加えてソースを
クリーミーでまろやかにする。

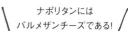

ナポリタンには
パルメザンチーズである！

[パスタ料理 6]

野菜のボロネーゼ

ひき肉なしでも、きのこのコクと玉ねぎやセロリなど
香味野菜の風味でうま味濃厚なボロネーゼに。
野菜がたっぷり摂れてヘルシー。

（ 材料／2人分 ）

パスタ …… 160g
マッシュルーム …… 130g
しいたけ …… 130g
玉ねぎ …… ½個
にんじん …… ⅓本
セロリ …… 50g
にんにく …… 3かけ
オリーブオイル …… 小さじ2
塩 …… ひとつまみ
白ワイン …… 80ml
ゆで汁 …… 大さじ4
オレガノ …… ひとつまみ
バター …… 20g
パセリ（きざむ） …… 適量
黒こしょう …… 少々

（ トマトソースの材料 ） → 作り方は P.113 参照

トマト …… 3個
塩 …… ひとつまみ
オリーブオイル …… 大さじ2
にんにく …… 3かけ

（ 作り方 ）

1 マッシュルーム、しいたけ、玉ねぎ、皮をむいたにんじん、セロリ、にんにくはすべてみじん切りにする（またはミキサーにかける）。

2 フライパンにオリーブオイルを強火で熱し、**マッシュルームを入れ塩をふり炒める**。焼き色がついたら端に寄せ、オリーブオイル大さじ1（分量外）を足して、**しいたけも同じようにこんがり炒め**（ɑ）バットに取る。

3 フライパンにオリーブオイル大さじ1（分量外）を足し、**1の玉ねぎ、にんじん、セロリ、にんにくを入れ、塩ひとつまみ（分量外）をふり強火で炒め**（b）、しんなりして色づいたら2のマッシュルーム、しいたけを戻し白ワイン、ゆで汁を加えて煮詰める。

4 トマトソース、ゆで汁適量（分量外）を入れ濃度を調整し、**オレガノをふる**（c）。

5 ゆで上がったパスタ、バター、パセリ、黒こしょうを加えて全体を混ぜ合わせる。

6 器に盛りパセリをトッピングする。

ɑ.きのこ類を炒める

きのこ類を炒めて水分を出し味を濃縮する。
炒めることで香ばしさが出て、
カリッとした食感に。

b.野菜を炒める

きのこ類はカリッと、
野菜はしんなり仕上げたいので
別々に火を入れる。

c.オレガノをふる

トマトソースと相性抜群のオレガノを加えて、
さわやかな風味をプラス。

焦がしバターの きのこパスタ

ポイントは焦がしバターで
風味をつけること。
ツナのモソモソ感が中和する。

（ 材料／2人分 ）

パスタ …… 160g
しめじ・まいたけ・
エリンギ
（食べやすい大きさに手でさく）
　　…… 全部で240g
オリーブオイル
　　…… 小さじ2
塩 …… ひとつまみ
バター …… 40g
にんにく（みじん切り）
　　…… 3かけ分
ツナ缶 …… 2缶（70g×2）
水 …… 600ml
いしり（魚醤またはナンプラー）
　　…… 大さじ2
一味唐辛子 …… 少々

（ 作り方 ）

1 フライパンにオリーブオイルを中火で熱し、きのこ類を入れ塩をふり炒める。焼き色がついたらバットに取る。

2 同じフライパンにバターを中火で熱し、焦がしバターを作る（ɑ.）。

3 にんにくを入れ炒めて香りが出たら中火にして、きのこ類を戻しツナ缶を加える。

4 水を入れ沸騰したらパスタを半分に折って入れ（b.）、いしりを加える。沸いたら中火にして表示より1分長めにゆで、とろみがついたら器に盛り一味唐辛子をふる。

ɑ. 焦がしバターを作る

バターが溶け始めて
最初は泡立つが泡がおさまり、
茶色っぽいオイル状になったら
焦がしバターの目安。
バターの風味をきのこ類と
パスタにまとわせる。

b. パスタは そのまま入れる

パスタはゆでずに乾麺のまま入れ、
焦がしバター、きのこ類、
ツナなどのうま味満載のソースを
吸収させる。

餃子の皮で作る ラビオリ風

ラビオリの生地を餃子の皮で
代用して手間を一気に省略。
中身を変えればアレンジが無限大に広がる。

ココが
格上げ！

（材料／2人分）

餃子の皮（大） …… 10枚
ほうれん草 …… ½束
クリームチーズ …… 120g

A
 パルミジャーノ・
 レッジャーノ
 （またはパルメザンチーズ）
 …… 20g
 卵黄 …… 1個分
 塩 …… ひとつまみ

B
 黒こしょう …… 少々
 バター …… 40g
 水 …… 50ml

フレッシュバジル（あれば）

（作り方）

1 ほうれん草は塩ゆでして冷水に取り、水けをしっかりしぼり細かくきざむ。

2 ボウルにクリームチーズを入れてよく練りほうれん草、Aを加える。

3 餃子の皮1枚につき2を小さじ1のせて包み（a）、10個分作る。

4 鍋に塩分濃度1％の湯を沸かし、3を入れて約2分火を入れる。

5 フライパンを中火で熱し、B、4のラビオリを入れて混ぜ、パルミジャーノ、黒こしょうを各少々（どちらも分量外）をふる。

6 器に盛りフレッシュバジルをトッピングする。

a. 餃子の皮で具を包む

具を餃子の皮で包み口を閉じる。
閉じた口をフォークでしっかり押さえて、
型押しの模様をつける。

（材料／2人分）

パスタ …… 160g
明太子 …… 100g
にんにく（みじん切り）
　　…… 3かけ分
オリーブオイル
　　…… 大さじ2
ゆで汁 …… 40ml
バター …… 30g
めかぶ …… 15g〜20g
いしり（魚醤またはナンプラー）
　　…… 大さじ1
大葉（細切り）…… 適量
きざみ海苔 …… 適量

［ パスタ料理9 ］

明太子 めかぶパスタ

火が入るとボソボソになりやすい
明太子を、めかぶのとろみが
ナイスフォロー。
明太子ソースがパスタによくからむ。

（作り方）

1　明太子の皮をはずす。

2　フライパンにオリーブオイルを
　弱火で熱し、にんにくをじっく
　り炒めて香りを立たせる。

3　ゆで汁、バター、明太子、**めか
　ぶ、いしりを入れて混ぜ合わせ
　る**（a）。

4　ゆで上がったパスタを入れて
　ソースとからめる。

5　器に盛りつけて大葉と海苔を散
　らす。

a. **めかぶと
　いしりを加える**

とろみのあるめかぶを入れることで
明太子がボソボソになるのを防ぎ、
魚醤のいしりで熟成感のある
うま味をプラス。

焼鳥の缶詰で作る 親子丼パスタ

親子丼の白米を炭水化物つながりで
パスタでアレンジ。
焼き鳥の缶詰を利用したお手軽レシピ。

(材料／2人分)

パスタ …… 160g

玉ねぎ(約2cm幅にスライス)
　　　…… 1個分

オリーブオイル …… 小さじ2

焼き鳥の缶詰
　　　…… 2缶(100g×2)

めんつゆ(3倍濃縮)
　　　…… 大さじ2

水 …… 600ml

A 卵黄 …… 3個分
　 黒こしょう …… 1g

七味唐辛子 …… 適量

みつば(きざむ) …… 適量

(作り方)

1 フライパンにオリーブオイルを中火で熱し、玉ねぎを入れ炒めて焼き色をつける。

2 **焼き鳥の缶詰(汁ごと)**(ⓐ)、めんつゆ、水、半分に折ったパスタを加えて強火にかける。沸いたら中火にして表示より1分長めにゆで、火を止めて1分余熱で火入れする。

3 2に**A**を入れ、**弱火にして卵黄に火を入れ**(ⓑ)、全体を混ぜ合わせてパスタとソースをからめ仕上げに七味唐辛子をふる。

4 器に盛り、みつばをトッピングして七味唐辛子を添える。

point
ココが
格上げ！

ⓐ. 焼き鳥の缶詰を入れる

缶詰を汁ごと入れてソースに
甘じょっぱい味をプラスして、
親子丼のあの味に近づける。

ⓑ. 卵黄を弱火にかける

卵黄は火を入れすぎると固まるので、
ちょうどよい固まり具合になるまで
弱火で火入れする。

chapitre 5

副菜

じゃがいも、にんじん、玉ねぎなどの定番野菜が、
味つけや火入れの工夫でフレンチの副菜に。
時間をおいた方が味がしみておいしくなるものは
作りおきにもおすすめ。

副菜

大きさを揃えると 見た目も味も映える

point

野菜の
切り方で
格上げ！

野菜は大きさを揃えて切ると
見た目が映えるだけではなく、食感もよくなる。
火が入りにくい野菜と入りやすいもの、
焼き色をつけたいものとそうでないものを
分けて火入れするのもポイント。
このひと手間で料理の完成度が上がる。

むいた皮も
格上げにひと役、
皮の香りを
素材に移す

point

野菜の皮を
活用して
格上げ！

むいた皮をかぶせて
玉ねぎを焼く

野菜は皮に香りがある。
むいた皮をかぶせて火入れしたり、
一緒にゆでることで
皮の香りが素材に移り風味が増す。
また野菜の皮を冷凍保存しておき、
市販の顆粒コンソメで
だしスープを作るときに一緒に炊くと
だしスープがバージョンアップ。

むいた皮と一緒に
グリーンアスパラをゆでる

[副菜 1]

ポテトサラダ

ゆでたじゃがいもを温かいうちに
酸味のあるソースと合わせて、
じゃがいもとソースの一体感を生み出す。

（ 材料／作りやすい分量 ）

じゃがいも …… 4個
水 …… 2ℓ
塩 …… 大さじ2
ミニトマト(半分にカット) …… 6個分
塩 …… ひとつまみ
オリーブオイル …… 小さじ2
にんにく(みじん切り) …… 2かけ分
玉ねぎ(みじん切り) …… ¼個分
アンチョビ(みじん切り) …… 3切れ分
オリーブ(4等分に切る) …… 6個
ケッパー(粗みじん切り) …… 小さじ2
マヨネーズ …… 大さじ2
パプリカパウダー(あれば) …… 適量
半熟卵(8等分に切る) …… 3個分
イタリアンパセリ(きざむ) …… 適量
パルミジャーノ・レッジャーノ
　(またはパルメザンチーズ) …… 適量
黒こしょう …… 適量

（ 作り方 ）

1　鍋に水、塩大さじ2、皮つきのままよく洗った
　　じゃがいもを入れ、中火でじゃがいもに火が通
　　るまでゆでる。

2　ミニトマトは塩ひとつまみをふる(α)。フラ
　　イパンにオリーブオイルを弱火で熱し、にんに
　　くをきつね色になるまで炒める。玉ねぎ、アン
　　チョビを加えてさらに炒める。

3　ミニトマト、オリーブ、ケッパーを加えて水分を
　　とばしながら炒める(♭)。

4　じゃがいもがゆで上がったら熱いうちにキッチ
　　ンペーパーなどを使って皮をむき、ひと口大に
　　カットする。

5　ボウルにマヨネーズ、パプリカパウダー、じゃが
　　いもを入れてさっくり混ぜ(c)、3、半熟卵を
　　加えて合わせる。

6　器に盛り、イタリアンパセリ、パルミジャーノ
　　をかけ、黒こしょうをふる。

a. トマトに塩をふる

塩をふることでトマトから水分を出し、
トマトの甘さとうま味を際立たせる。

b. 炒めて水分をとばす

水分をとばすことでじゃがいもと合わせたときに
水っぽくならないようにして、
味がぼやけるのを防ぐ。

c. さっくり混ぜる

じゃがいもは混ぜすぎると粘りが出て
食感が損なわれる。
つぶさないようにさっくりと混ぜる。

オニオンステーキ

むいた皮をかぶせて焼き、皮の香りを玉ねぎに移す。
焼き方ひとつで、玉ねぎ1個が堂々の副菜に。

（ 材料／2人分 ）

玉ねぎ …… 1個
塩 …… ひとつまみ
オリーブオイル …… 小さじ2
顆粒コンソメで作ったスープ
　　…… 200ml
ローリエ …… 1枚
にんにく（粗みじん切り）…… 2かけ分
バター …… 10g
パセリ（きざむ）…… 適量
くし形にカットしたレモン
　　…… 1切れ分

point

ココが
格上げ！

（ 作り方 ）

1 玉ねぎは横に4等分に切る。塩をふり5分ほどおき、表面の水分をキッチンペーパーで拭き取る。

2 フライパンにオリーブオイルを中火で熱し、**むいた皮をかぶせ、さらにフタをして玉ねぎを焼く**（ａ）。

3 **玉ねぎの両面を焼き**（ｂ）、**コンソメのスープの半量、ローリエを加えて**（ｃ）、再びフタをして水分がほぼなくなるまで中火で煮詰める。

4 残りのコンソメのスープ、にんにくを入れて玉ねぎが煮崩れないように弱火で水分がなくなるまでじっくりと火を入れ、仕上げにバターを加える。

5 器に盛りつけパセリを散らし、レモンを添える。

ａ. 皮をかぶせて焼く

皮をかぶせて火入れすることで、
皮が持つ香りが玉ねぎに移り風味が豊かになる。

ｂ. 両面に焦げ目をつける

玉ねぎにしっかり焼き色をつけ
キャラメリゼすることで、
玉ねぎの甘みを最大限に引き出す。

ｃ. スープを加える

水分を加えることで玉ねぎの火通りをよくし、
スープのうま味を玉ねぎにプラスする。

シズッてますね〜

[副菜 3]

キャベツの蒸し煮

キャベツの水分と
バターを乳化させてとろみを出す。
作り方も見た目もシンプルなのに
バターの風味豊かなひと皿。

point
**ココが
格上げ!**

（ 材料／作りやすい分量 ）

キャベツ …… ½玉
厚切りベーコン …… 30g
オリーブオイル …… 小さじ2
A ┌ 塩 …… ひとつまみ
　│ 白ワイン …… 大さじ4
　│ バター …… 30g
　│ フレッシュタイム
　│ …… 3本
　└ （または乾燥タイム ひとつまみ）
白こしょう …… 少々

（ 作り方 ）

1 キャベツはザク切りにし、芯の部分は薄くスライスする。ベーコンは約5mm角の拍子木切りにする。

2 鍋にオリーブオイルを中火で熱し、ベーコンを入れてじっくり炒めて脂を出す。

3 キャベツの芯を加えて炒め、キャベツの葉、**A**を入れフタをして中火で10分ほど蒸し煮にする。

4 水分とバターが乳化してとろみがついたら（ⓐ）、タイムを取り出し、白こしょうをふる。

ⓐ. **水分とバターを
乳化させる**

キャベツから出た水分、
白ワインとバターが
混じり合って乳化すると、
とろみがついてソースになる。

（ 材料／作りやすい分量 ）

卵 …… 4個

A
　フレッシュバジル（みじん切り）
　　…… 10枚
　顆粒コンソメで作ったスープ
　　…… 150ml
　牛乳 …… 50ml
　パルミジャーノ・レッジャーノ
　（またはパルメザンチーズ）
　　…… 大さじ2
　塩・白こしょう …… 各少々

オリーブオイル …… 適量

point
ココが
格上げ！

［ 副菜 4 ］

バジルが香る
洋風だし巻き卵

バジル、コンソメのスープ、
チーズの「洋」のテイストで、
だし巻き卵をフレンチにアレンジ。
定番卵料理が変身！

（ 作り方 ）

1 ボウルに卵を割り入れてよく混ぜて、ザルな
どで濾す。

2 1に A を入れて混ぜ合わせる。

3 卵焼き用のフライパンにオリーブオイルを弱
火で熱し、2の**卵液を少量ずつ入れ**（ _a ）、表
面が半熟になったら折り畳む。これを卵液が
なくなるまで繰り返す。

4 **ラップで包んで成形し、5分ほど放置して余
熱で火を入れる**（ _b ）。

a. **卵液を少量ずつ
入れる**

1度にたくさん入れると表面が
半熟状態になる前に外側が焦げる。
焦げ目を作らず、
すき間なく薄い層を重ねてふっくら食感に。

b. **ラップで包む**

余熱でゆっくり火入れすることで
卵とスープが分離せず、
ふわトロのだし巻きが作れる。

きのこのマリネ

酢ではなくケッパー、マスタード、
白ワインビネガーで酸味をつけることで、
マリネの新しい味に出会う。

point
ココが
格上げ！

(材料／2人分)

エリンギ …… 60g
しめじ …… 80g
しいたけ …… 70g
まいたけ …… 70g
厚切りベーコン …… 30g

A
｜ ケッパー
｜ …… 大さじ1
｜ マスタード
｜ …… 大さじ1½
｜ 白ワインビネガー
｜ （または酢）…… 小さじ2

オリーブオイル …… 小さじ2
塩 …… ひとつまみ
バター …… 5g
黒こしょう …… 少々

(作り方)

1 きのこ類は石づきを切り食べやすい大きさにカットする。ベーコンは約1cm角に切る。Aのケッパーは粗みじん切りにする。

2 ボウルにAを入れて混ぜ合わせる。

3 フライパンにオリーブオイルを中火で熱し、ベーコンを炒めバットに取る。そのままのフライパンにきのこ類を入れ塩をふって炒める。

4 きのこ類に焼き色がついたら（α）、バターを加えて、2のボウルに取り3のベーコンを加えて混ぜ、黒こしょうをふる。

α. きのこ類に 焼き色をつける

きのこ類は焼き色がつくまで
しっかり炒めて水分をとばし、
うま味を凝縮する。

ほうれん草の クリーム煮

おひたし、ごまあえ、バターソテーしか
思い浮かばないほうれん草レシピの
バリエーションを広げる。
クリーム煮なら子どもも笑顔☆

（ 材料／作りやすい分量 ）

ほうれん草 …… 2束
ホワイトソース …… P.93と同量
パルミジャーノ・レッジャーノ
　（またはパルメザンチーズ） …… 40g
オリーブオイル …… 小さじ2
塩・白こしょう …… 各少々

point
ココが
格上げ！

（ 作り方 ）

1 ホワイトソースにすりおろしたパルミ
ジャーノを加えてよく混ぜ合わせる。

2 鍋に湯を沸かし塩適量（分量外）、ほう
れん草を入れてゆでる。ザルに取り水
けをしっかりしぼって細かく切る。

3 フライパンにオリーブオイルを中火
で熱し、 2を入れて炒める （a）。1の
ホワイトソースを加えて混ぜ合わせ、
塩・白こしょうで味をととのえる。

a. ほうれん草を炒める

ゆでたほうれん草をフライパンで炒めて
水けをしっかりとばすことで、
ホワイトソースと合わせたときに
味がぼやけない。

point

ココが
格上げ！

（ 材料／2人分 ）

かぶ …… 2個
オリーブオイル
　…… かぶ1個に各小さじ1
塩 …… かぶ1個に各ひとつまみ
バター …… 5g
赤ワインビネガー …… 少々

（ 作り方 ）

1 かぶは茎の部分を1〜2cm残して切り落とし、ひげ根を切り、茎の根元の堅い部分の皮をむく。**水に浸けて茎の根元を開き、金串などで汚れを取る**（ａ）。

2 全体にオリーブオイルを塗った1をアルミホイルの上にのせ、塩をふり**包む**（ｂ）。

3 180℃に温めたオーブンで30分ほど火入れしたのち、アルミホイルをはがして半分に切る。

4 フライパンにバターを中火で熱し、3を入れ塩ひとつまみ（分量外）をふり焼く。

5 焼き色がついたら赤ワインビネガーをまわしかけ煮詰める。

6 器にクレソン（分量外 あれば）のソテーをのせ、5のかぶを盛りつける。

a. **茎の根元の汚れを取る**

茎の根元についている
汚れを金串でていねいに取る。
水に浸けると根元が少し開いて
汚れが取りやすくなる。

b. **アルミホイルで包む**

オーブンの天板に
球状の部分が直接当たると
その部分だけ先に火が入るので、
茎を下にして立つように包む。

［ 副菜7 ］

かぶのロースト

ホイル焼きなので
水分が失われずフレッシュ感があり、
うま味も香りも逃げない。
かぶの食べ方の新提案。

[副菜 8]

グリーンアスパラの ミモザ風サラダ

材料はグリーンアスパラと卵だけなのに
映え感が半端ない。
きざんだミックスナッツの
"ナッティ感"がやみつきに。

（ 材料／2人分 ）

グリーンアスパラ …… 6本
水 …… 800ml
塩 …… 大さじ1
かたゆで卵 …… 1個分
A
エクストラヴァージン・オリーブオイル
…… 小さじ2
白ワインビネガー …… 小さじ1
パルミジャーノ・レッジャーノ
（またはパルメザンチーズ）…… 小さじ1
バター …… 5g
ミックスナッツ（粗みじん切り）…… 10g
塩・白こしょう …… 各少々

（ 作り方 ）

1 グリーンアスパラは根元を約5cm切り落とし、下半分の皮をむく。

2 鍋に水を入れて沸騰させ**1**の切り落とした根元、むいた皮、塩を入れて、10分ほど中火で炊いて**アスパラのだし汁を作る**（α）。

3 アスパラのだし汁に**1**のアスパラを入れて2～3分ゆで、バットに取る。

4 ゆで卵を白身と黄身に分け、ザルなどを使ってそれぞれ裏濾しする。

5 ボウルに**A**を入れて混ぜ合わせドレッシングを作る。

6 フライパンを中火で熱しバターを入れて溶かし、アスパラを入れて炒める。軽く焼き色がついたらミックスナッツを加えて全体をからめ、裏濾ししたゆで卵を加え、塩・白こしょうで味をととのえる。

7 器に盛りつけ**5**のドレッシングをかける。

＼ アスパラを下処理して ／
食べる人を気遣う

point
ココが
格上げ！

α 「アスパラのだし汁」を作る

切り落とした根元の部分や皮を炊いて
アスパラのだし汁を作り、それでアスパラをゆでる。
アスパラの香りがお湯に移り、
ただのお湯でゆでたものとは風味が断然違う。

（ 材料／作りやすい分量 ）

パプリカ（赤・黄）…… 各1個
なす …… 2本
玉ねぎ …… 3⁄4個
ズッキーニ …… 1本
トマト …… 2個
オリーブオイル …… 野菜ごとに各小さじ1
塩 …… 野菜ごとに各ひとつまみ
にんにく（みじん切り）…… 2かけ分
ローリエ …… 1枚
白ワインビネガー …… 小さじ2
塩・白こしょう …… 各少々

（ 作り方 ）

1 パプリカは種とワタを取り、**なすは中心部分を取り除き**（*a*）、玉ねぎは皮をむく。野菜はすべて約2cm角の同じ大きさにカットする。

2 フライパンにオリーブオイルを強火で熱し、パプリカ、ズッキーニ、なすにそれぞれ塩をふり、**それぞれ別々に強火で炒めバットに取る**（*b*）。

3 厚手の鍋にオリーブオイル小さじ2（分量外）を強火で熱しにんにくを炒め、焦げる手前くらいまで香ばしく焼く。

4 玉ねぎを加え、塩ひとつまみ（分量外）をふりオイルがまわる程度にサッと混ぜ、フタをして2～3分ほど蒸し焼きにして玉ねぎの甘みを出す。

5 トマトを加え強火にし、ローリエを入れ5分ほど煮込み、**トマトから出る水分をしっかりとばす**（*c*）。

6 2の野菜を加え、白ワインビネガーを入れ、フタをして5分ほど中火で蒸し煮にする。塩・白こしょうをふり味をととのえる。

a. なすの中心部分を取り除く

なすの中心部分は火が入りやすく、
柔らかくなりすぎて煮崩れるので取り除く。

b. 野菜は別々に炒める

火が入る時間が野菜ごとに異なるので別々に炒めて、
各野菜をジャストな火入れ状態にする。

c. トマトを煮詰めてから他の野菜を加える

トマトから水分が出るので、
先に煮詰めて水分をとばしてから他の野菜を鍋に加える。

ラタトゥイユ

ラタトゥイユを制する者は夏野菜を制する！
野菜を強火でしっかり焼き、
表面をオイルでコーティングする。

トマト煮込みではなく
野菜それぞれの味が
楽しめる仕上がりに

（ 材料／作りやすい分量 ）

にんじん …… 200g
塩 …… 小さじ½
オレンジ …… 1個

A
　エクストラヴァージン・オリーブオイル
　…… 大さじ1½
　白ワインビネガー …… 小さじ2
　マスタード …… 小さじ1
　クミン …… 適量
　白こしょう …… 適量

イタリアンパセリ(きざむ) …… 適量

（ 作り方 ）

1 にんじんは細い千切りにし、ボウルに入れて塩をふり、よく混ぜ合わせて5分ほどおく。水分が出てくるのでキッチンペーパーで拭き取る。

2 オレンジは包丁で外皮をむき、さらに½個分は薄皮から果肉だけを切り取る(ぁ)。残った部分の果汁をしぼる。

3 1のにんじんに2の果汁、Aを加え混ぜ合わせる(ぁ)。ラップをして半日ほどおき味をしみ込ませる。

4 器に3を盛り、2で取り分けたオレンジの果肉をのせイタリアンパセリを散らす。

[副菜 10]

キャロットラペ

にんじんの千切りは細ければ細いほど、
食べたときににんじん独特の
エグミを感じない。
いつものキャロットラペの格が上がる。

point
ココが
格上げ！

**ぁ.果肉だけを
取り分ける**

外皮の内側の白い部分や
薄皮が残っていると
食感が損なわれるので、
包丁で皮と果肉を
ていねいに切り分ける。

**ぁ.果肉から
ジュースをしぼる**

½個分の果肉を取り分け、
残りの分はジュースをしぼる。
ジュースを加えて
みずみずしさをプラス。

ミニトマトの
コンポート

「コンポート」とはフルーツを
ほんのり甘い砂糖水で煮た保存食。
ミニトマトで応用し
ブランデーを加えてリッチに。
残ったコンポート液は
炭酸で割って飲んでも旨い!

(材料／作りやすい分量)

ミニトマト …… 18個

A	白ワイン …… 200ml	
	水 …… 135 ml	
	グラニュー糖 …… 65 g	
	ブランデー …… 大さじ 1	
B	フレッシュバジル …… 5枚	
	フレッシュタイム …… 5本	

(作り方)

1 ミニトマトはヘタを取り湯むきする。

2 鍋に **A** を入れて中火で沸かしてアルコール分をとばして火を止める。

3 **2** に **B** を入れ 10 分ほどおく。

4 氷水に浸けたボウルに **1** のミニトマト、**3** のコンポート液を入れ、**粗熱を取りながらトマトに味をしみ込ませる**（*a*）。

5 密閉容器に入れて冷蔵庫でひと晩おく。

point
ココが
格上げ!

*a.*トマトに味をしみ込ませる

コンポート液の粗熱を取りながら
トマトを漬けた方が
トマトに味がしみ込みやすい。
氷水に浸けたボウルをクルクルまわすと
粗熱が早く取れる。

139

城二郎の お気に入りの 器たち

料理は器とのコラボ作品。家の

HIBINO
カノア26cmプレート（ブラック）

素朴な質感がいい。「和」のテイストも
感じられ、フレンチだけではなく和食に
も応用可。シンプルな焼き魚のおかずも
このプレートに盛れば、リッチ感が漂う
ひと皿になる。

HIBINO エクレ29cmプラター（モスグリーン）

古き良き時代の洋食屋さんのイメージ。上品な深みのある
モスグリーンと平坦ではなく微妙なうねり感のあるリム
が特徴。ハヤシライスやスパゲティなど洋食店の定番メ
ニューの盛りつけに。

SPAL
オリーヴァ OLIVA

リムの鮮やかな色合いが目を引く。老舗
ホテルのレストランで使われているよう
な、どこか懐かしさを感じるレトロ感も
いい。ナポリタンやオムレツなど「ザ・
洋食」の盛りつけに。

HIBINO タンテ27cmプレート

広めのリムが"可愛い"。白一色に気泡
のような模様が特徴的で上品さがある。
リムが広めの分、盛りつけスペースがコ
ンパクトだが、そこにキッチリと盛るだ
けでサマになる。

ご飯も器で格上げ！

料理の出来栄えがどんなに素晴らしくても、
器との統一感がないとおいしそうには見えない。
その一方で器との相性がいいと確実に映える。
家のご飯も、器の選び方次第で2〜3ランク上がるはず。

光洋陶器 ストリームライン ハニーベージュ 15cmボウル

洋食、和食を問わずカジュアルに使える器。ポテサラなど白っぽい
ものを盛りつけても、器の色で華やかに。きんぴら、ほうれん草の
おひたし、冷ややっこなどいつものおかずの印象が変わるはず。

HIBINO
ブレラ26cmプレート（ネイビー）

深い藍色がベースの "小宇宙" をイメー
ジさせるようなプレート。一般に食べ物
は青との相性はよくないと言われるが、
これはその固定観念を覆す凛とした佇ま
い。淡い色の料理を盛ると引き締まる。

HIBINO
ストーン26cmクープ（リッチグレー）

「ストーン」という名称の通り無機質な
質感で料理の邪魔をしない。料理を選ば
ず万能に使える。主張はしないがマット
なグレーに品格があり、料理をスタイ
リッシュに見せてくれる。

HIBINO
ブレラ26cmプレート
（グリーン）

エメラルドのような透明感の
あるグリーンで、見る角度に
よって色合いが微妙に変化す
る。ジェノベーゼパスタなど
緑色のものを盛ると料理が一
層映える。料理を引き立てつ
つ皿自体の存在感が光る。

(Épilogue)

コロナ禍で多くのことを経験し、改めて料理人としての在り方を考えさせ
られました。レストランに来てくださるお客様だけではなく、もっと多
くの方に、形を変えて料理を届けられたらという想いで2020年6月から
YouTubeを始め、有り難いことにこの1年間でたくさんの方に視聴してい
ただけるようになりました。

その中で、多くの方が動画で紹介した料理を再現してくれたり、おいし
かったと喜んでくださることに驚くことも。率直な感想をたくさんいただ
き、レストランで仕事をしていたときには聞き得ない声がとても新鮮でし
た。今まで厨房で自分と向き合い、料理を作り続けた日々とは違う体験の
連続で、この本を出すことになったのもそのひとつです。

これからも料理動画を発信しながら新しいことに挑戦し、発見し、自分の
想いを「食」を通してお届けしていきたいと思っています。料理を作るこ
とや食べることの楽しさを共有し、食の文化を次世代へつなぐことに貢献
することが、私の料理人としての目標です。

この本で紹介した料理を実際に作っていただき、YouTubeやInstagramな
どで皆さんの感想を聞けることを楽しみに待っています。
この本で皆さんの食卓が少しでも豊かになれば幸いです。

merci beaucoup!